前田育徳会尊経閣文庫編

尊経閣善本影印集成 36

政事要略

八木書店

政事要略巻廿五　年中行事廿五

十月

朔日視告朔事

同日旬事　已上見四月朔日

同日及十一廿一日着朝座事　見三月朔日

同日諸司皆内進奏考選并告朔条事

同日奏義鼓吹厳日之事　鼓吹義并義声試生事　見三月朔日

二日宮人冬衣服文事　見四月二日

懃念濃為憂誰分憂国寧々課直致心力
以副朝望
雜式云天下〻親勤農業貯積難數援濟孤
獨戸口增長夫婦和順名用得里親隣捐識
者長官歷門前審的知眞實具録姓名并
紀附便使申送官

政事要略巻第六十

例言

一、『尊経閣善本影印集成』は、加賀・前田家に伝来した蔵書中、善本を選んで影印出版し、広く学術調査・研究に資せんとするものである。

一、本集成第五輯は、古代法制史料として、『交替式』『法曹類林』『政事要略』『類聚三代格』の四部を六冊に編成、収載する。

一、本冊は、本集成第五輯の第三冊として、『政事要略』（金沢文庫本）巻二十五・同六十・同六十九の三巻を収めた。

一、原本各巻の料紙は第一紙、第二紙と数え、本冊各図版の下欄、各紙右端の下にアラビア数字を括弧で囲んで、（1）、（2）のごとく標示した。

一、本冊冊首に目次を載せ、各頁の柱に巻次および項目等を標記した。なお、本冊冒頭巻二十五の巻首の攙入記事（九〜一〇頁）については、内容を摘記して括弧にくくり、当該頁の柱に載せた。

一、冊尾に収納箱および各巻包紙等を参考図版として載せた。

一、本冊の解説は、吉岡眞之国立歴史民俗博物館教授が執筆した。

平成十八年二月

前田育徳会尊経閣文庫

目次

巻六十　交替雑事二十……一四九

巻二十五　年中行事二十五

政事要略
巻第二十五

政事要略
巻第二十五

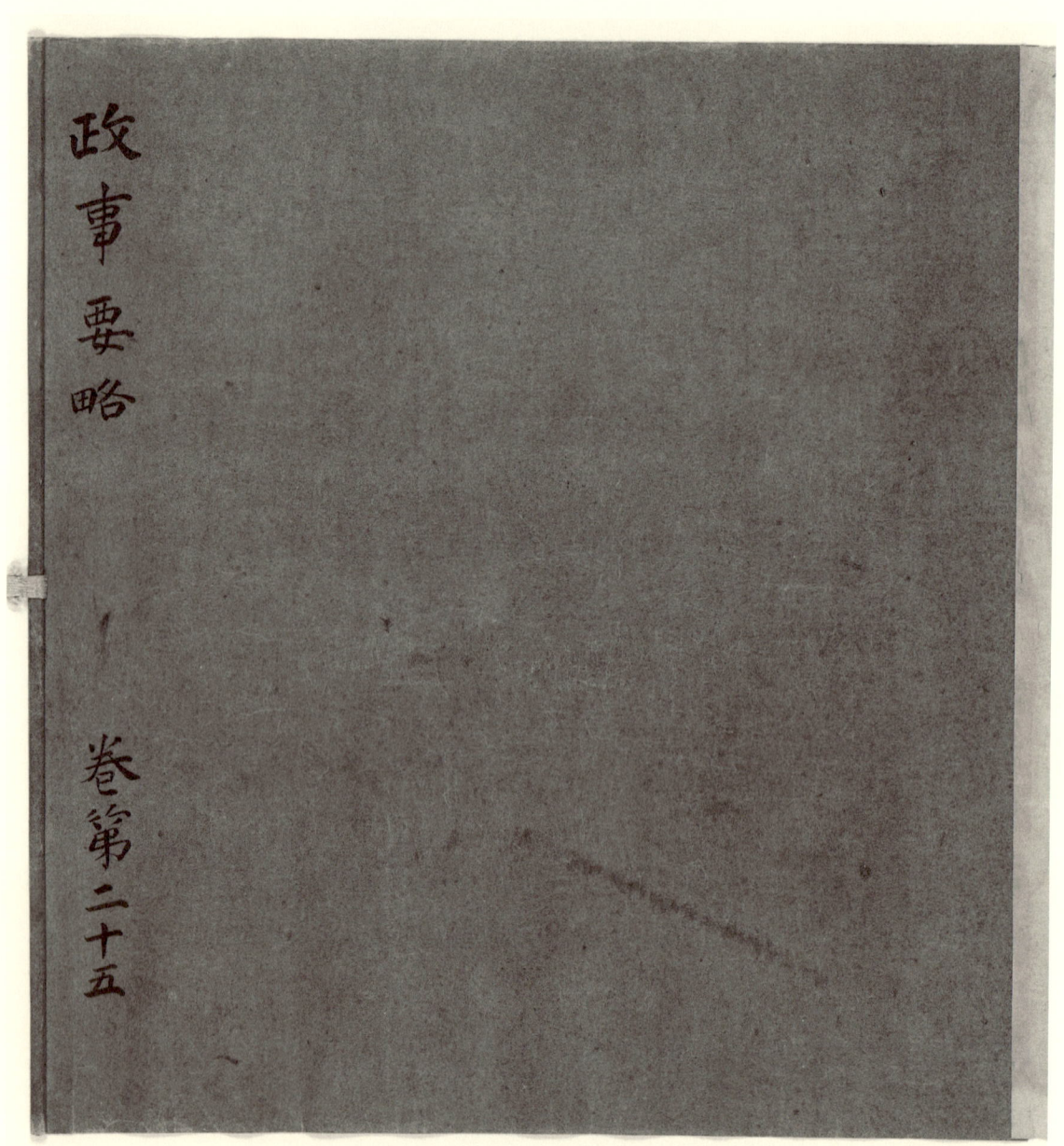

政事要略第廿五

年中行事廿五

十月

朔日視告朔事

同日旬事　乙上見四月朔日

同日及十一月一日着朝座事　見三月朔日

同日諸司當内進奏考選并告朔文案事

同日奏蕃鼓吹聲色事　鼓吹義并蕃聲試生事　見三月朔日

二日宮人冬衣服文事　見四月二日

二日宮人冬衣服文事　見四月二日

同日奏可依新嘗祭官田稲粟、、定文事

三日以前點定五節舞姫事

四日刑部省進年終断罪奏文事

五日中務省進妃夫人嬪女御冬衣服事　見同月五日

同日射場初事

十日中務省奏給後宮及官人時服文事

同日興福寺維摩會始事　不參武人事　在國忌部

十六日三省進秋季帳事

十六日三首進秋季帳事
廿日以前奏大哥人、石灘事
廿一日競馬負方献物事
亥日餅事
一初雪見参事

十一月

朔日着朝座事
同日内膳司供忌火御飯事
同日中務省奏御暦事

同日中務省奏御暦事

同日神祇官始奏御贖事　自一日至八日奉之

同日諸国進考選文及雑公文事

朔旦冬至會事

十月

朔日視告朔事

同日旬事　已上見一月

延喜十七年十一月一日丙子皇太子參上著座

延喜十七年十一月一日丙子皇太子參上着座
〔但其座參上　未儀未詳〕同日内竪立大盤於殿上所司立大
盤於宜陽春興兩殿西廂三獻之後有御召
諸大夫未得解由者皆預此座〔令奏色上奏事　如例但近衛府〕
〔不奏音樂　其由不詳〕但是日朔旦冬至也天皇未御南殿
公卿上表付内侍奏進其儀具見日記〔令奏上　表之間〕
〔公卿立陣座列立軒廊北小庭大臣一列納言一列參議一列　並西面北上大臣付表文於内侍乃復本座〕
同十七日壬辰新嘗會豐明有詔書并叙位等事
延喜廿年十一月一日右近少將藤原朝臣忠文

延喜廿年十月一日右近少將藤原朝臣忠文
右近将監三宅忠貞右衛門少尉藤原嘉會
等三人就版奏但左右兵衛門府不奏如
本舊例之　天暦四年十一左衛門奏不候替帥式有勘〻录
籙事右門奏不候替帥式有勘〻录籙事
應和元年十二月庚寅朔去月廿日還宮之
後今日皇帝始御紫宸殿御紫宸殿御
鎰奏并官奏侍御膳給臣下之器渡諸衛番奏
恒例第二下器
之後有番奏
少納言遊立奏等皆如常儀畢
即内侍出自御廉後方於御帳東方御屏

即内侍出自御座後方於御帳東方御屏
風南妻召大臣内侍会召詞只進出許也大臣立座経東廂
入自母屋北間上御帳東邊跪天皇勅曰
可令奉仕音樂者大臣称唯還着本座
召出居左近中将源重光朝臣右近権中
将同延光朝臣等延光朝臣同候出居座召称唯進立
大臣座後貫子敷大臣仰云令奉仕樂与共称
唯下殿元後左右近衛府共発乱声恒例二盃
旬雖無勅語伺御酒献即左右奏音樂者也而今日
不待三獻発乱声是已有其仰歟

旬雖無勅語伺御酒勅即左右奏音樂者也而今日
不待三獻發亂聲是已有其例歟
參入音聲々々後舞各二曲罷出音聲了
次内侍又出於御座東方大臣立座經東廂
跪候御座東方如先進跪奉勅語　勅語不詳　仍不見記
稱唯退還著本座召出居左近中將重光
朝臣稱唯進立大臣座後仰云　召掃部寮可令置草墩也
稱唯自殿退下々後掃部寮官　但其仰詞不詳　仍不注
人五人各執草墩昇自東階置列御帳
東去一許丈　南北一行但件草墩當東第四柱也　次大臣立座

（4）

東去一許丈南北一行相并草墪當東第四柱也次大臣立座
經東廂入自母屋南一間就北第一草墪
座須臾召大納言源朝臣起座稱唯經東
廂入自母屋東面南一間著草墪座次參
議藤原朝忠朝臣源重信朝臣等各被召
著同座自余上達部猶皆在本座今案此例不被召人々
之或立間退出云々而人々皆
於仮本座可有気色
于時圖書寮女官木
執倭琴宇多法師笙及笛木幷自北障子戶一〻
授之大臣以下就吹笛彈琴殊忠召右兵衛

授之大臣以下謌吹笛弾琴殊急呂右兵衛
督博雅朝臣今候上達部座後文屋居侍
従大蔵卿源盛明朝臣右近少将藤原朝臣
清遠不被召候同而是則依唱歌事也重
有勅召筝琵琶不改給大臣及大納言近衆少将
不取件筝不授大臣以下但筝于倭琴付博雅朝臣奉仕即奏賀殿及北
殿之曲此間中納言右衆門督師氏卿献盃
右近中将延光朝臣執盤子師氏以寝行
賜盃献而法師親王謌日去延喜十六年

賜盃獻而法師親王説曰去延喜十六年
上達部并侍從等獻盃之儀下立唱平竟
以内宴等時之而今日巡行往来如例管絃
一二曲之後天皇有召大臣之氣色今案勅語之趣挺
聞於奉者起座稱唯遲着可行御事歟大臣之座進跪候御座下
奉勅還着本座即召左近中将近兒朝臣
仰云御階下竪女与稱唯退歸之後左右近
衛将等自障子戸取衣被物各賜大臣以下
白張細長各一襲但大臣以下未考未詳其日參大臣以下降座取禄

白張細長各一襲但大臣以下不着未詳其日
畢大臣以下降座取禄
一々退下従東階之間迎染殿於監木文執弁
少納言弁侍従木禄給々　件禄物入唐櫃置宣仁門下但其色目
各黄衾一条也今案後已主上被作彼日率居童芝胡ト日王以降座取禄物小節即懸領把笏下殿再有拝蹈々事々
大臣以下捧禄物列立殿位東庭　西上北面条
議以上一列非参議以下一列　毎拝々後懸領舞蹈取笏毎
拝了退出次天皇入御了
今案天皇若下従倚子御座御手敷御座者
王卿皆下座可跪候欲但至于成只候御帳東々

王卿皆下座可跪、俟欲飯至下、飯只俟御帳東、
方〻窠以圓座可其處歟
吏部記延長六年十月一日旬前例有召
承鋪余問其儀曰御帳東西鋪北上鋪座
指若召俟之其時不被召〻人早辭為善若
最座座親王或久不退〻時或居御合辭
〻則甚無面目昔諸葛中納言知必可有召
而先召八條式部卿親王及故左大臣亦〻
時早起辭或自陣召還〻是亦知舊例

時早退罷出或自陣召還之是未知舊例
者也凡十月一日旬内豎以下器内下御膳物
賜之先栗炊雜以上抄少許置飯邊次暑
菁茹物以箸挟少許置在臺盤器次堅魚
同前次堅塩又挟一顆加塩器上
延長四年十月一日旬上卿御後未就座入
不觀初儀（右近中將公頼朝臣云日晩參者例不上殿却廻刑部卿中將實頼朝臣云雖晩著未下御
著之時猶聽上殿中將再三返難遂有召參上著宮座）其儀上御樂宸
殿群臣一列倍南廂階以東二間親王在座

厳群臣一列、信南廂陸以東二箇親王在座
上（西上北面）其截外親王及後参随参設乞了厳座
東第三柱北（北上西面）是日弾正親王暁参陽成院二
親王若参在南座則代著截外坐弾正親王
即著南座（事在参前之、唯聴諷耳）内竪四人持盤度馳
道敬、南到西階、采女以下物置盤内、竪遂先
行、南座親王次行厳座親王次公卿次弁居
座（行酒効此）
延長六年十月一日上弁御陽成院三親王別

延長六年十月一日上卿陽成院三親王引
群臣參昇以前事不知次左近少将伊扶引卿居
侍従入日華門昇殿着座少将候氣色奏掃
部二殿籍唯執几子自東階下進外殿立敢
座七親王即昇殿自敢座東端入着座云々
南殿事了參清涼殿上日來前例无官奏々
時大将先昇殿着座次親王昇殿若有奏々
時大臣無大将者奏了下殿即卿居先昇着
座後群臣昇殿即而今日親王先昇殿是

座後群臣昇殿、即而今日親王先昇殿、是
甚非先例也、凡御會未皆上若中少将著
座後親王著殿〻座、唯四月十五日引駒五月
退後開警、是上入御、召居中将稱之呼
承平五年十一月旬、近衛召儲樂人而左
大臣不參、右大臣使藏人接右中弁公忠
問今日可行事、右大臣報云、承和十二年有
帝遷御、王公退從陣座取見奉之例、若可
奏樂随狀被定行耳云〻、使遷之間還宮

奏樂隨狀被定行耳〻〻使遣〻間還事
初奏右大臣奏太后因還暎傳御南殿使
公卿以不御狀仰公卿是日民部卿侍望
卿云先例諸旬上酒二獻即以有奏樂故
無樂時二獻後帝遷後寢奏延長四年例三獻後撤饌帝
御後〻房未必如是
承平四年十二月廿八日左衛門督公賴朝臣
來語次陳云昔仁和先帝爲親王時每旬
參入或天子不御時親王請試迎來樂

參入或天子不出時親王請試迎來樂
即於軒廊奏舞若樂有訛賜其次將
故二府激勵音聲舞也

同日及十一月一日着朝座事　見三月朔日

同日諸司畿内進奏考選并雜公文事

太政官式云諸司及畿内國司長上考選文
者十月一日進辨官　事見儀式　訖同日弁官惣
計造日申太政官即下式部兵部其太政
官長上及番上考文并使下諸司及畿内

官長上及書上考文亦便下諸司及當内

畨上考文者二日共集送式部二省

太政官職事考課　天暦五年 唐次 筆文 已上外題所注

太政官符式部省

合職事天暦五年預考并不考新附遷任卒

惣參拾陸人事

不在考例二所

右不在考例頭注如件

預考十三人

預考十三人
不第四人
中上九人
右孔目如件
不考七人
新附八人
遷任二人
卒一人
右不考新附遷任頭注如件

右不考新附遷任頭注如件

不在考例二所

右大臣従二位藤原朝臣　上日百十七

右大臣従二位藤原朝臣　上日百九十七

不考

中納言従三位藤原朝臣在衛　上日二百六十八

恪勤匪懈善　献替奏宜議務合理最

右少弁従五位下藤原朝臣国光　上日三百廿

並恪勤匪懈善　受付庶務處分不滞最

並恪勤匪懈善　受付薦勢處分不滞最

大外記従五位上多治真人實相　上日二百六十六

右大史外従五位下海宿祢葉恒　上日三百八

並恪勤匪懈善　勤於記事稽失無隠最

中上

大外記正六位上菅野朝臣正統　上日三百廿

右一人元少外記今年正月卅日轉任

少外記正六位上己朝臣惺緄　上日三百五十一

少外記正六位上春道宿祢有方　上日二百卌七

少外記正六位上春道宿祢有方　上日二百卅七

右一人元權少外記今年二月廿日轉任

右大史正六位上河擭宿祢廣遠　上日三百十一

右一人元右少史今年二月廿日轉任

右大史正六位上出雲宿祢蔭時　上日二百九十四

右大史正六位上清立宿祢惟宗　上日二百九十九

右一人元左少史今年二月廿日轉任

左少史正六位上粟前宿祢枝茂　上日三百十一

右少史正六位上淺井宿祢守紗　上日三百十二

右少史正六位上浅井宿祢守彩　上日三百十二

右一人元右少史今年二月廿日轉任

右少史正六位上山直文宗　上日三百卅二

並恪勤匪懈善　勤於記事稽失無隠最

上件等人起従去年八月一日盡今年七月廿九日計

上日二百卌已上依令為考具件如前

不考

大納言正三位藤原朝臣顕忠　上日九十九

大納言正三位藤原朝臣元方　上日九十四

大納言正三位藤原朝臣元方　上日九十四
中納言従三位源朝臣高明　上日百七十七
中納言従三位藤原朝臣師尹　上日二百一
少納言従五位上良峯朝臣統茂　上日二百七
少納言従五位上大江朝臣朝望　上日二百卅八
少納言従五位上橘朝臣南金　上日二百九
右人上日不足考限仍不考

新附
権中納言従三位源朝臣兼明　上日百卅

権中納言従三位源朝臣庶明　上日百卅

右一人元左大弁今年正月卅日轉任

左大弁従四位上大江朝臣朝綱　上日二百卅七

右一人元右中弁今年正月卅日轉任

右大辨従四位上藤原朝臣有相　上日二百七十五

右一人元右中弁今年正月卅日轉任

左中辨従四位下橘朝臣好古　上日百五十九

右一人元民部大輔今年正月卅日遷任

右中辨従四位下源朝臣俊　上日百卅九

右中辨従四位下源朝臣俊　上日百卌九

右一人元山城守、今年正月卅日遷任

指右少辨従五位下藤原朝臣亮実　上日卌八

右一人元左衛門権佐、今年五月廿二日遷任

指少外記正六位上文宿祢武並　上日百卌九

右一人元民部大録、今年正月卅日遷任

右少史三善朝臣雅望　上日百五十五

右一人元掃部少允、今年正月卅日遷任

遷任

還任
前大外記従五位下惟宗朝臣孫是連
右一人今年正月卅日任出雲守
前右大史外従五位下物部宿祢広連
右一人今年正月卅日任豊前権介
卒
右少弁従五位上藤原朝臣雅量
右一人今年八月廿七日卒
以前、職事考課如件、省宜承知依件行之、府到奉行

以前職事考課以件、省宜承知依件行之、符到奉行
従五位下権右少弁藤原朝臣兼忠　正六位上右少史山直文宗
天暦五年十月一日
考状可収載
考課令内外官條云、各令行事官考文造
符下式部、省仍勘見其體裁、此符多具冊
見定之考部　天慶四年考文載太政官
以上右官作不入奏、但兆職事欲辞
本官々符改開白雑暑部文書之兆職
事部不可勘考欲部中尋其時考文

事即下不可新考欲即下中尋其時考文
未求得之
同日奏發鼓吹声日事　鼓吹義并發声試生見三月朔日
清涼記奏發鼓吹声日事
辨官須仰陰陽寮令擇申其吉日然後奏之
二日宮人冬衣服文事　見三月二日
清涼記同日奏可供新嘗祭官田稲粟卜定之文事
神祇官率卜部宮内省丞録各一人率史生
共向大炊寮卜定之可進稲粟國郡訖即付内侍

其向大炊寮卜定可進稲粟國郡訖即付内侍
奏之覧了返給内侍下於辨官
清凉記三日以前點定五節儛事 私案藏人 或云十日
以前藏人頭定五節行事藏人奏聞其後頭藏人令中納一人小舍人三人同開件事
藏人頭奉仰召仰可獻五節儛姫之公卿或親王獻之獻之
但后妃女御尚侍可獻之別遣中使
令仰示矣又殿上儛姫召仰四位五位有女子
之者殿上儛姫或二人或三之
四日刑部省進年終斷罪奏文事

四日刑部省進年終断罪奏文事
獄令云決大辟罪五位以上在京者刑部少輔
以上監決謂雖是自盡之人也在其家亦監決也在外者次官
以上監決餘並少輔及次官以下監決從
立春至秋分不得奏決死刑若犯悪逆以
上及家人奴婢殺主者不拘此令其祀齋
日朔望晦上下弦廿四氣假日並不得奏
決死刑在京決死囚皆令弾正衛士府
監決若囚有冤枉灼然者停決奏聞謂準

監決若因有寃枉灼然者停決奏聞謂準正奏聞

從立春至秋分不得奏決死刑唐律集解云斬目斬轘絞興周代二者法陰陰主斂罰因而則之古大辟之刑新撰陰陽書春夏為陽不行刑斂堪輿經云春至秋分之日不刑出井

斷獄律云立春以後秋分以前決死刑者徒一年依獄令從立春至秋分不得奏決死刑違者徒一年其所犯雖不待時若於禁斂日而決者杖六十准令犯惡逆以上及家人奴婢殺主者不待時其大祀及齋日朔望晦上下弦廿四氣假日並不得奏決死刑雖不待時

上及家人奴婢殺主者不待時其大祀及齋日朔望
晦上下弦廿四氣假日並不得奏决死刑雖不待時
於此日亦不得决死刑
違而决者杖六十
待時而違者加二等　謂秋
分以後立春以前於禁殺而日故
决者加二等合杖八十

集解云禁殺日　跡云每月一日八日十四日十五日十八日
廿三日廿四日廿八日廿九日卅日是

弘刑格云應改申死罪期限事右太政官去
延暦十四年八月十四日下刑部省符偁得
省解偁断决囚徒令有正文須時肅殺
不可虧違今檢彙前行事或過秋分節
延入立春或輕罪之徒禁經歳月是以政亦

延入之春或輕罪之徒禁經歲月是既乖
法式都無准的望請依令條流罪者不待
時以且斷申其死罪者忽待年終斷申謹
請處分者右大臣宣奉　勅依請者今被右
大臣宣偁奉　勅於行大辟秋冬無妨而頃年
有司毎至于年終乃奏刑書施行之後計
其行程合入春月以到遠國宜自今以後十
月初斷奏訖但始自十一月一日至于十二月十日
常行祭事不得令　京官此限内決罰刑

當行祭事不得令宮官此限内決罰刑

弘仁六年十一月廿日

刑部式云流罪以下隨發且斷其死刑者皆

總斷十月四日申官即斷文令判事覆

申送

太政官式云刑部省所申斷罪文者造二

通十月四日進辨官即日史讀申外記覆

勘造論奏廿日以前奏聞謂流罪以上及除免官當若有

依奏及恩降並具狀錄刑部解後下之

依奏及畢降並具状録刑部解後下之

訖附辨官 一通留辨官 一通下刑部

儀式 貞観

奏年終断罪議

刑部省預修解文進太政官外記勘定修

奏訖大臣持奏文率参議以上皆披奏刑

部省乃年終政書進上申大臣奉勅語

引退即奏文并解文二通尾書勅語之

一通給刑部 一通留辨官 其奏文収太政官並捺外印

一通給刑部
一通留辨官　其奏文收太政官並撰外記

清涼記廿日以前奏年終斷罪事
太政官奏上以斷罪文奏之勅減死罪處遠流
自余據省斷太政官奉勅依例行〻
五日中務省進妃夫人嬪女御冬衣服文事　見四月五日
同日射場初事　藏人式注七日而清涼記注五日
藏人式云七日射場初其儀掃部寮御座後
并南同立五尺御屏風　廂柱内東向立〻　御座北立一帖
南廂鋪長筵鋪錦毯代立平文御倚子所雜色
向

南向鋪長莚鋪錦毯代立平文御倚子所雜色
等御座南北立置物御机南机南立御弓
箭臺當御座前北少却鋪小莚二枚其上供
半疊為御射席々東鋪小莚為臣下射席
北廂壁下鋪縁端疊為王卿座南殿西
壇下鋪折薦長疊為出居座射場東砌
下置草圓座為的附座神仙門内二行鋪
折薦長疊為殿上侍臣座書以御贄 机給所安福殿
東廂南第一間鋪折薦疊為的串矢取

東廂南第一間鋪折薦疊爲的串矢取
座時尅出御先是中少将候座稱警畢
次出〻居中少将召右近将監令懸的次出
居中少将參御召殿上王卿取弓矢着座
次矢取内竪十人度自堋前着座次内蔵
寮賜酒饌王卿侍臣及御厨子所供菓
子干物御酒先是拔召侍臣能射者令
試射之次依例有賭弓事所掌取簡硯
候上御前書別後射手并念人
度數随作
籌以拘撥

侍上卿前書別後射手并入忌人度數隨作募以拘擄
經御覧之後一々唱名各々籌唯入忌人不籌次召
侍臣一人為的附内藏寮獻懸物絹射
分錢絹附木枝錢置机上殿上六位持參置之其後次第賭之射畢
勝方王卿侍臣相率再拜若有中科者依
御賜件懸物臨昏黒時主殿寮供炬火
事畢還御

拘擄　玉上音倶禹反毛詩南山有拘傳曰
拘支拘也説文木可以為將帥蜀中

枸交枸也説文木可以為醤出蜀中
野王案此或為蒟字在草部下音尸
金反埤蒼木橼可食字指枸橼出交
趾銘曰枸橼似橘其大如莒
御覧第三百十七果部四云裴渕廣州記曰枸櫞
似橘實如柚大而倍長味奇酢皮以蜜
煑為糝劉欣期交州記曰枸櫞如柚振
細異物志曰枸櫞實似橘大如飯筥
皮不香味不美可以浣治葛紵若酸

皮不香味不美可以院沼葛餝若醸

漿 廣志 同也

清凉記五日射場初事

装束記出御先是中少将催座藉警蹕

次出居次将召右近将監令懸的次出居

中少将蒙仰召殿上王卿々々取弓矢着

座次矢取内豎十人度自棚前着座次内

蔵寮賜酒饌王卿侍臣夏御厨子所供菓

子干物御酒先是拔召侍臣能射者令試

子午物御酒先是按召侍臣能射者令試射之次依例有賭弓所掌取筒硯候上卿前書別前後射手念人（度數籌物隨御）經御覽後一々唱名答々稱唯（念人不稱）次召侍臣一人負的侍内藏寮獻懸物絹射分錢（絹付木枝錢置机上）（六位持之々）其後次第射之射畢勝方王卿侍臣拜舞每拜若有中科者依例賜件懸物或又別召懸物於后宮女御書司奉畢還御

還御

吏部記延長四年十月五日殿上弓庭始、出居
少将實頼奉詔唱名召堪射之人奉仕 不藉的殿、
上童擲衣後度公卿前出居座後到南殿南内竪来
授矢童即班之射人
先是左衛門督猪惟侍家召著座 此日公卿多奏陣座依
無召皆罷、先例殿上公卿不待召参入
仍不召、今日不参上、頗有疑恠之氣色

十日中務省奏給後宮及女官冬時服文事 十日 見官

同日興福寺維摩會始事 不參式人事在國忌部

國史云天平寶字元年閏八月壬戌紫微内相藤 南家祖武智麿大臣第二男也武智麿淡海公一男也

國史云天平寶字元年閏八月紫微内相藤
原朝臣仲麿南家祖武智麿大臣第二男也武智麿淡海公一男也等言臣聞旌功不朽有國之
通規思孝無窮乘家之大業緬尋古記淡
海大津宮御宇皇帝天縱聖君聰明睿
主考正制度創立章程于時功田一百町賜
臣曾祖藤原内大臣襃敬壹匡宇内之績
世々不絶傳至于今乃爾來臣等因藉祖勲冠
蓋連門公卿奕世方恐冨貴難久榮華
易凋是以夙不忘危夕惕以厲忽有不慮之

易凋是以安不忘危夕惕如厲忽有不慮之
間兇徒作逆殆傾皇室将滅臣宗未報先
恩芝蘭共敗冀從冝福長保顯榮今有
山階寺維摩會者是内大臣之所起也願主棄
紀三十年間無人紹興此會中癈乃至藤原
朝庭徹子太政大臣傷搆堂之將墜歎為
山之未成更發弘誓追継先行則以每年冬
十月十日始開勝莚至於内大臣忌辰終為講
了此是奉翼皇宗住持佛法引導尊靈

了此是奉翼皇宗住持佛法引導尊靈
催勸菩提者也伏願以此功田永施其寺
助維摩會弥令興隆遂使内大臣之供葉与
天地而長傳皇太后之貴聲俱日月而遠照
天皇典舍儻允臣請見下主者早令施
行不任發願輕煩聖聽戰々兢々臨深履
薄　勅報曰循省来表報德惟深勸學棟
梁崇法師範朕与卿等共植茲因宜告所
司令施行舊記云不比等贈太政大臣者是鎌

司令施行舊記云々此等贈太政大臣者是鎌
子内大臣々第二子也
慶雲三年十月太臣於宮城東第設維摩
會奉為内大臣令講无垢稱経自作願文
云凡維摩會者内大臣々所始也太臣觀善
根之遠植慮慈蔭之弘覆遂尋遺跡莫
癈此會仍以毎年十月十日始至十六日畢即
是内大臣忌日也（竪義例位事在云務要事二）
玄蕃式興福寺維摩會十月十日始十六

是日大

玄蕃式興福寺維摩會十月十日始十六竪義叙位事在云般要事二
日終其聽衆九月中旬僧綱商定先經藤
原氏長者定之但專寺僧十人侍彼寺
送名薄請用其立義者探題試之及第
者即叙滿位結竟共向會庭行事
仁和元年九月勅加興福寺維摩會藥師
寺最勝會立義僧各一人先是每寺畢條
兩件二會者是佛教之所心法藏之昭彰也
天下名徳悦海内秀侶由其挑燈今所請聽

天下名被帙海内斈侶由其桃燈今所請聴
衆維摩會卅人其十人為興福寺分寛勝
廿一人五人薬師寺分其餘諸寺只両三人
尋彼根源以其本寺故也假之物議聴衆
既異諸寺立義何得同数商較彼此似有
驕駿望請廉此喜運廣彼大會寺別各
加立義一人以示本寺異於諸寺許之
延喜格云太政官符應加請維摩會聴
衆九人事右右大臣宣奉　勅興福寺維

衆九人事右右大臣宣奉　勅興福寺維
摩會立義者九人元在聽衆卅人々内
而今依僧綱奏状始自今年且聽衆々
外仍須其代者擇諸寺智者名僧加請
天台宗一人諸宗八人立爲恒例 貞觀十八年九月廿三日
清涼記十月十七日奏維摩會文事
勅使辭帰京以聽衆僧名論義注記立
義者問答得不明年講師宣奉式人見參
示文中式長上卿々々以件文書但宣奉不

亦文中式長上卿〻〻以件文書但宣奉下
下給之下給外記〻〻以聴衆僧名立義者
同答得不久付内侍奏之但件會講師式
長者殊請智行具足才勞雅讓〻輩
時先催天氣有撰請〻

興福寺縁起

寺家一院　在左京三條七坊所門九宇南大門一宇東三宇西二宇脇門二堂塔雜舎百七十五宇之中堂廿一宇寺〻東野廿七町

金堂一宇　七間

舒明天皇

金堂一宇 七間
右崗本天皇舒明天皇即位十三年歳次辛丑冬
十月天皇崩明年正月皇后即位是為
天豊財重日足姫天皇廣極天王於是
宗我大臣毛人々男入鹿自執国柄逐行
威福王室衰微社稷傾危于時藤原内
大臣竊謂之輕皇子為君即計其事不
洽發願奉造釋迦丈六像一軀挾侍菩
薩両軀住於四天王寺事遂叶願仍造

薩両軀住於四天王寺事遂叶靈仍造
茲像至於天命清御原天王也開別天
皇即位二年歳次己巳冬十月内大臣枕
席不安嫡室鏡女王請日敬造伽藍安
置尊像大臣不許再三請乃許因此
開基山階始構寶殿遂乎神駕向
遷改造廐坂和銅三年歳次庚戌太上
天皇俯從人願定都平城於是太政
大臣相承先志尚春日之勝地立興福

大臣捐棄先志簡春日之勝地立興福
之伽藍也
講堂一宇
右安置羂（絹）索菩薩像也天平十七年
歳次乙酉正月正三位牟漏女王寢膳
違和造件像并寫神呪經一千巻而
藏山遂遷不果其願孝子從二位藤原
夫人正四位下式部卿藤原朝臣永手並願
先志堂造忌日件尊像以弘仁四年長岡右大臣奉造未作圓堂之間

先考寓造忌日（件尊像以弘仁四年長巴／右大臣奉造未作圓堂之間／假以安／置也）

五重塔一基

右天平二年歳次庚午夏四月廿八日藤原
皇后發願自於興福伽藍持簀運土
公主夫人命婦婇女咸皆從也正三位行
中務卿兼中衛大將藤原朝臣房前
相率文武百官人亦共四部衆下抔等
基擣立木塔一歳之間丹青已訖哉　塔内

基搆立木塔一基々間丹青已訖哉 塔内

四方安置四
方浄土也

南圓堂

右安置不空羂索觀音像并四大天王像

也長岡内麿右大臣殊發大願所奉造也後

閑院贈太政冬嗣大臣以弘仁四年造立圓堂所

安置尊像也故記文云伏惟故閑院贈太

政大臣大閤下搆仁德以爲宇裁忠孝以爲

衣在朝則周旦々輔君歸釋則浄名

衣在朝則周旦之輔君帰釋則浄名
之委道夷先考長罡右大臣大殿門殊
発大願敬以奉造不空羂索観音
像又常帰依妙法花経等重至深渇仰
至篤而尊容功畢假以安置法門咸
生未遑講演遅疑之間舟壑忽遷矣
大閤下以為尊親莫先於同心翻往莫
貴於述志仍占勝地於伽藍之中建立
堂宇於清浄之刹遂使八柱圓虚擬玉

雲宇於清浄之刹遂使八柱圓雲擬玉
擁而表靡八臂金容瞙蓮座而居
尊寺云〻

維摩會

右先正一位太政大臣奉為　聖朝安穏祛
穢无傾遵叢弘揩始開斯會並太政大臣
沈病既迴方計時有伯済禅尼名曰法明
自大臣我持大乗名維摩經其中所説向
疾品試奉誦相公御悩平愈次未誦了一

疾品試奉誦相公御悩平愈次未誦了一
品之前相公沸病既以平愈時大臣稽
首合掌言生々世々帰依大乗又為聊禅尼
仍請維摩経或講三日中間已絶此會不
行慶雲二年歳次乙巳秋七月後太政大臣
臥病不豫是日擧歎勞臣急續不斷継
先志自今以後躬為膳夫帰敬三寶修
養流僧轉維摩於萬代傳正教於千年
遂捧勞因永資先慈至於眷考四年

逢捧芳目永資先慈至於養老四年
大臣薨俄事稍荏苒轉讀天平五年
春三月皇后重顯如舊興復講說七日
祖考之志妥妨成製從彼已來至于今
相承不絶乎 具在別記

法花會
右會於南圓堂所行也弘仁八年閑院贈
太政大臣大閤奉為先考長罡相府講花
内丸所始行也麦先考長罡相府弘仁

内丸所始行也爰先考長岡相府弘仁三年十月六日即世也方今大閤下攝仁德以爲宰栽忠孝以爲衣在朝周旦之輔君歸釋則淨名之愛道仍令奉爲先考忌辰敬發大願創開妙法大會也始自九月卅日至于十月六日七箇日間講演妙法討論深義相府還代之後久在大豎相是則大閤之連枝也相兼助行法會故敬虔專寺龍象爲講匠招才智

會故敬屈專寺龍象爲講匠招才智
德爲聽衆簡碩學者五人爲立義者
焉閑院大閤同氣之弟故左兵衛督
相公加三論立義一人令論无相義矣
料米七十二石六斗五升五合以廣田地子
所用也布施調布百五十段從穀倉院
所運送也

長講會

右承和十三年歳次丙寅故太政大臣贈正

良房

冬嗣

右承和十三年歳次丙寅故太政太臣贈正
一位美濃忠仁公（良房）奉為先考（冬嗣）先妣忌日於
興福寺始從長講會也首尾卅箇日焉
先考贈太政大臣正一位閑院相府天長
三年七月廿七日遷化也先妣尚侍正一位
同年九月四日即世也其初講涅槃經
一部云々會甚希有只講一經恐滞於
邪道所仰此良縁講一切經論諸宗義溥
大法輪如環无端檀越即随祈望開從年

大法輪如環无端檀越即随流望開假年
久遂講法論之一故事也嘉祥三年以来太皇大
后依先考之忌辰助講會資用充厥
法施莫不周給貞觀十四年九月二日
忠仁公薨自後太皇太后宮專一次於
雲林而今年五月廿二日長樂昇霞焉
此會無人兼行与時欲絶弟子良世閑
院台府之遺體忠仁公之末弟位登
二品官歴三事行年七十有八懸車衡

二品官歷三事行年七十有八懸車衡
門待命旦暮之則悲光景忘日之永
絶下則懸賢光當敷之歎廢夙夜思
之處轉迴側即得一謀施于不朽祖父
長思捐府有水田若干町貽厥孫裔之
例以此應輸於其孫今見存者不過七
八人又猶多其餘無則割其遺餘充此
食料是計之上者也先訪於左右捐之之
同謀乃召僧學徒見聞隨喜仍於廣

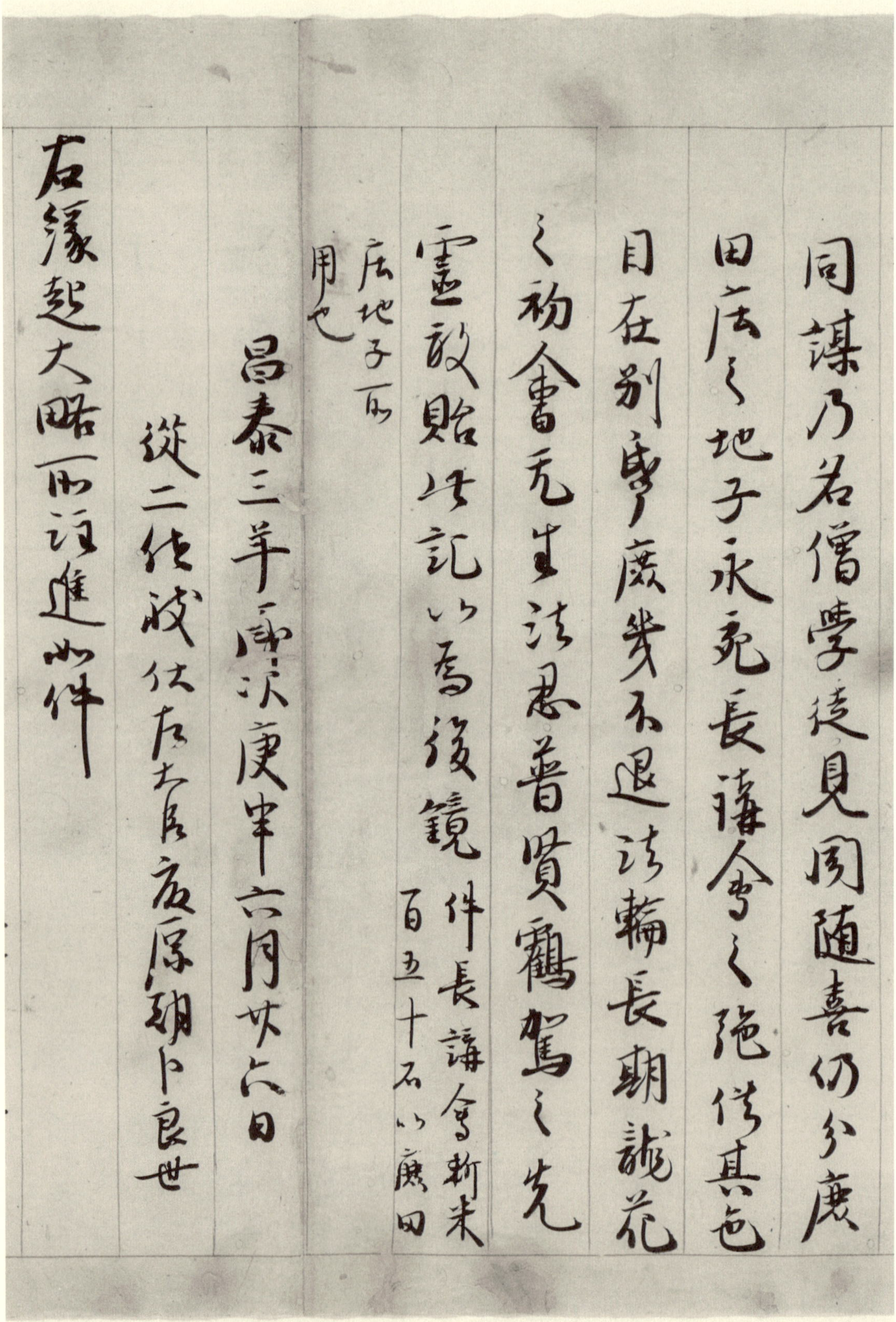
同謀乃召僧学徒見聞随喜仍分廣
田庄之地子永免長講会之施供其色
目在別冊廣費不退法輪長期龍花
之初會无生法忍普賢鶴駕之光
靈験貽此記以為後鏡　件長講會新米百五十石以廣田
庄地子所用也
昌泰三年庚申六月廿六日
従二位行右大臣藤原朝臣良世
右縁起大略所注進如件

(27)

右縁起大略所注進也件
建立寺草創會具見此縁起也仍
抄要須文附式部未
同十六日三省進秋季帳事　見正月十六日
清涼記廿日以前所奏大歌人名簿事
大哥所録可召人名簿付内侍奏之覧訖付
内侍下給諸司
式部式云被召大歌所之輩起自十月廿一日
至于正月十六日一向直所若无故不上者五

至于正月十六日一向直所若有故不召五
位已上不須簿令六位已下集季禄散
位雜色未責以違勅　私案諸衛官人廿月奏
人等散位之輩不充行等使及雜事不求　注文歌所充諸司官
本司官直晴須上日

廿日競馬負方獻物事
國史云貞觀六年十月廿一日天皇御南殿
右近衛左右衛門右兵衛木三府及右馬寮
獻物去五月六日競馬之馬々輸物也音
樂備奏百獻皆作極醉方罷宴竟賜

樂備奏百獻皆作極醉方罷宴竟賜
祿各有差　大藏式云武官獻走馬結番日
祿綿六千屯若有遺即進内侍司
喜〈嘉〉祥二年十月廿二日参議従四位下藤原
朝臣良相傳宣右大臣宣十月廿一日走馬
負物獻物之日准節會行之者節會
停止乎臨時競馬勝物　天安元年十月廿一日於冷然院有獻物事
清涼記廿日競馬負方獻物事　年中行事并式注廿一日而清涼記注廿日

一日丙清涼
記注廿日
近代不行此儀

亥日餅事

蔵人式云、初亥日内蔵寮進殿上男女房
糯餅 各一折櫃

内蔵所進餅已見人給糯俎又大炊寮等一
渡糯米内膳司備調供御雖不載式文
寮司供來尚矣

群忌隆集云、十月亥日食餅除万病、雜五

群忌隆集云十月亥日食餅除万病雑五行書云十月亥日食餅令人無病亥日之餅本縁如此

委敬之詞未詳其説

初雪見参事

暦注云小雪十月中今案不依時節只以初雪之日注諸陣見参

初学記大戴禮云天地積陰温則為雨寒則為雪春秋元命苞曰陰陽湯凝為雪曾子曰陰氣勝則為雪也書云雪為五穀之精西京雜記云太平之代雪不封條凌殄毒害而已詩傳云月

々代雪不封條淩殄毒害而已詩傳云月
上而下日雨雪雨音于具反左傳凡平地尺雪
為大雪文選謝恵連雪賦曰盈尺則
呈瑞於豊年袤丈則表沴於陰徳
藏人式云觸事有勅計分遣侍臣諸陣令
取見参賜禄或不賜但大雪々時殿上男女及内侍所但朔旦冬至時諸陣及藏
人所授書殿内豎可来至殿掌男女官同預見参遣侍臣取見参　此来書村上御代短尺文也云々
令之行事初雪々日遣藏人於諸陣取
見参賜禄物尤厭頗見参所大略如式

見參賜祿物凡厥預見參所大略如式

但諸陣官人以下舍人以上其祿有差官人

補番長以下賜布各有等差國史云桓武天皇延暦十

一年十一月乙亥雨雪近衛官人已下賜物

有差初雪見參其濫觴歟後代之

間雨雪之朝或王卿侍臣爲賜物有差不

別冬春皆有此事仍式爲稱大雪之時歟

見國史暦注小

十一月一

十一月一

朔日着朝座事　見三月朔日

清凉記同朔日早旦内膳司供忌火御飯事　同六月

同日中務奏御暦事

日本記云欽明天皇十四年六月内臣使於百済別勅醫博士易博士暦士等宜依番上下今上件色人正當相代年月宜付還使相代又卜書暦本種々藥物可上送又云推古天皇十年冬十月百済僧観勒来

云推古天皇十年冬十月一日諸僧觀勒來
之仍貢暦本及天文地理書并遁甲方
術之書是時選書生三四人以俾學習於
觀勒矣陽胡史祖玉陳習暦法大友村
主高聰學天文遁甲山背臣日立天子方
術皆學以成業
儒傳云以小治田朝十二年歳次甲子正月
戊申朔始用暦日右官史記云太上天皇持統
元年正月頒暦諸司

元年正月須暦諸司
職負令云陰陽寮頭一人掌暦數　謂暦數者暦計日月度數而造暦授時也
暦博士一人掌造暦及教暦生等暦生十人
掌習暦
集解云暦數　釋云尚書堯典云乃命羲和欽若昊天暦象日月星辰敬授民時
孔安國曰重黎之後羲氏和氏世掌天地之官故
堯命之敬順昊天々々言元氣廣大也星四方中星
辰日月所會暦象其分節敬記天時以授民也大
戴礼聖人脊守日月之數以察星辰之行以序四時之從逆
謂之
暦也

謂〻
暦也

祢同以十一月朔日為奏御暦期若有故亭
吾擬無所見但暦家説曰周
為天正十一月〻時陽氣始養根株黄泉
〻下万物皆赤〻〻者陽氣故周為天
正色尚赤殷為地正十二月〻時万物始
牙而白〻〻者陰氣故殷為地正色尚白也
夏為人正〻〻月〻時万物達孚甲而出
皆黒人得功故夏為人正色尚黒也三

皆黒人得功故夏為人正色尚黒也三正之始万物皆滋故云三正滋各統一正案之上件三月暦家号謂天正月地正月人正月今十一月朔奏御暦是依以天正月為始造暦歟

雑令云陰陽寮毎年預造来年暦十一月一日申送中務奏聞（謂不經太政官中務直奏聞也）内外諸司各給一本（謂被管寮司及郡司者省國別寫給）並令年前至所在

並令年前至所在
太政官式云陰陽寮造新暦畢中務省十
一月一日奏進其須暦者付中納言令給大臣
〻〻轉付辨官令須下内外諸司中務式云
十一月一日平旦輔並二人將陰陽寮進暦
事見儀式
陰陽式云造暦者御暦三巻 二巻具注 一巻七曜
中宮東宮各二巻頒暦一百六十六巻暦奏
三巻 具注七曜頒暦 寫御暦手單五十五人 並當事寮人
寫頒暦手卅一人 諸司史生廿三人内竪四人大舎人四人並不在給食之限

一曜御暦　寮人

寫頒暦卅一人諸司史生廿三人内豎四人大舍人四人並不在給食之限

已上料紙筆墨紫朱雜物食料米塩之

類皆有其法依多不載

又云暦本進寮具注御暦八月一日七曜御

暦十二月十一日頒暦六月廿一日並為期限

又云中星暦者八十二年一度造進其用途充

博士臨事勘録進寮々即申省請充

清涼記同日中務省奏御暦事

天皇御紫宸殿旬儀如常左近將曹等進

天皇御紫宸殿旬儀如常左近将曹率近
衛用左掖延政両門次大舎人叫門闈司就
版奏云御暦進と申中務省官姓名〈謂輔〉叫らと
門故ホ申勅曰令申闈司宣云令申〈先是中務省陰陽寮〉
〈候延政門外御暦函安机須暦函積〉中務率陰陽寮舁机
参入立庭中退出中務独留奏進〈其詞云々〉
勅答省輔退出之時闈司二人入自左掖門
持御暦机安簀子敷上即内侍持函奉
覧闈司以机返置本処退出皆同正月一

覧闈司以机返置本處退出皆同正月一
日次少納言率内竪六人入自日華門立暦櫃
下内竪舁机退出次少納言令舁暦櫃退出
儀式无別何不取之但末文云大臣取以須
暦賜太政官将付弁官令頒下内外諸司　若不御南
殿及降雨付侍所令奏之

同日神祇官始奏御贖事　自一日至八日奉之　見六月朔日

同日諸國進考選文及雜公文事
太政官式云諸國考選文及雜公文附朝集
使十一月一日進辨官女諸司儀事見儀式訖辨

使十一月一日進辨官女諸司儀事見儀式記辨
官惣計造日申太政官及下式部女部点
同上例其書上考文二日送省
朔旦冬至会事
易通卦驗云冬至始人主与群臣左右從樂從猶就也
玉燭寶典云十一月建子周之正月冬至日極南晷
極長陰陽日月万物之始故有慶長之賀
史記孝武本紀云齊人公孫卿曰今年得寶
鼎其冬辛巳朔旦冬至與黄帝時等卿

斷其冬至與黃帝時等卿
有禮云々
案件等文朔旦冬至者曆數之旨希代
之瑞也古今王者每逢此期皆有慶祥行
賀尚矣
裝束記文
朔旦冬至紫宸殿裝束
當日早朝女官揚御障子男官自日華門
參入昇自殿東階奉仕裝束如常但宮

叅入昇自殿東階奉仕紫宸如常但常
御座装束立倚子一脚皇太子座（相去二許丈）従南
東一間至于第四間立倚子又従母屋東一間
迄于其北立同倚子（皆是親王公卿座也）其東立床子三
脚（少右座料）又宜陽殿春興殿立床子（侍従諸大夫座料）殿下
東西壇上并敷座（東外記史座西殿上弁人所衆料）中務敍位式
部兵部両省標如常節會

西宮記朔旦冬至事

先天皇未出御之間公卿進賀表其儀外

先天皇来御帳之間公卿進賀表其儀外
記等舁表案立軒廊西第一間次内侍臨
東階次大進以下着靴列立陣前小庭西
面北上重行大臣就案下挿笏取函登授内
侍拔笏還立本列訖一々還退乃但雨儀
日公卿立軒廊東第一二間西面北上近衛
同年立皇太子表々日如件而元慶三年
南面々々一點天皇御南殿内侍臨東檻若
大臣々々大納言者先昇殿次王卿々奏上々後也　有
居近衛府々掌侍從奉上　次近衛將

大卜〻大将者先昇殿次王卿〻参上〻後中
居近衛府亭侍従参上
次近衛将
着中居座次王卿一〻参上着南廂座次
中居侍従昇殿着座次侍従木文入自
日華門就宜陽春興安殿西廂床子座
次内膳司傳御臺盤采女傳〻間中
居将召内竪御丁給御飯〻由如例次諸
司立兩殿臺盤次傳四雜次下器渡受據
等次下王卿次御酒三獻〻後有召諸大
夫自日華門参入着兩殿床子
有仰中居将
丁令召歟

夫自日華門参入着両殿座子有仰中居將寸令召歟
次近衛開左腋門次闈司奏次中務省
陽奏御暦如例少納言入自日華門令取案
并頒暦等了次諸衛書奏如例次左近奏
見参了召少納言給見参文次召辨大夫
給目録次少納言就版位召王卿下殿列
立南庭近仗諸大夫同列立訖拜舞蹈如例訖
天皇入御中居稱警蹕但今日官奏音
樂并近仗立奏厨家御贄等無所見件朔旦冬至是

樂并遊立奏厨家御贄等云所見　件朔旦冬至是希有事不可入年中行事之中

国史云聖武天皇神亀二年十一月己丑天皇御大安殿受冬至賀辞親王及侍臣等奉持奇翫珍贄進之即引文武百寮五位已上及諸司長官大学博士等宴飲終日極楽乃罷賜禄有差

天平四年十一月丙寅冬至　天皇御南苑宴群臣賜親王已下絁及高年者綿有差

群臣賜親王已下絶及高年者綿々有差
曲赦京及畿内二監天平四年十一月廿七日昧
爽已前徒罪已下其八虐劫賊官人枉法受
財監臨主守自盗々所監臨強竊盗故殺人
私鑄錢常赦所不免者不在此例其京
及倭國百姓年七十以上鰥寡惸獨不能
自存者給綿有差

桓武天皇延曆三年十一月戊戌朔勅曰十一
月朔旦冬至者是曆代之希遇而王者之休

月朔旦冬至者是曆代之希遇而君之休
祥也朕之不徳得値於今思行慶賞共悦
喜宸王公已下宜加普賜京畿當年田租
並免之
（祖也）
延暦廿二年十一月戊寅朔百官詣闕上表
曰臣聞惟徳動天則靈祇表瑞乃神司契
則懸象呈祥伏惟 天皇陛下則拓來基
窮神闡化功被有截徳邁无方伏捻今年
曆十一月戊寅朔旦冬至又有司奏老人星

曆十一月戊寅朔旦冬至又有司奏老人星
見臣等謹案元命苞曰老人星其帝臣也
見則治平主壽史記曰漢武帝得辛巳朔
旦冬至公孫卿曰黄帝得寶鼎神策是
歳己酉朔旦冬至得元之紀終而復始今
与黄帝時等於是天下〻如郊祀泰一玉律
階序迎福〻慶方長金穀節暉延曆〻
斯延遠豈非天鑒照明不愛其道神心
顕著在感斯通臣等生涯信幸佔奉會

頭著在感斯通臣等生涯信幸佔奉會
昌元在人靈疇无抃躍不任鳧藻之至謹
詣闕奉表以聞壬辰詔曰天地覆燾順時
播氣星壬亭育利物爲仁朕以寡昧嗣登
鴻基臨馭八紘綏撫萬類致遠元給方思
南薰惠澤未凉尚懋東戶比有司奏稱老
人星見又今年十一月朔旦冬至皇太子其
及百官表賀日新轅之年賓斷呈祉陶
唐之世金精表圖讖之前彼誠合喜瑞天

唐亨吞金精表圖替之前假誠合喜靖天
之所祐古今寧殊可文可長之功不呂而方
至太平大同之化不言而日咸朕以寡薄之
彼錄及資厚德休命之、所感乃通至仁顧
惟庸虚但增慙歎思施凱澤以答天情
自延暦廿二年十一月十五日昧爽以前徒罪
以下无輕重未皆赦除但犯八虐故殺人謀
殺強竊二盜私鑄錢常赦所不免者不
在赦限以赦前事相告言者以其罪罪之

在赦限以赦前事相告言者以其罪〻
其王公以下宜加普賜但能盡忠方有
勤効者特加爵賞用申襃寵内外文
武官主典已上叙爵一級正六位上者宜量
賜物天下高年百歳以上穀二斛九十以上
一斛八十以上五斗庶恤隱之旨感於上玄錫
貺之應被於中壤布告遐邇知朕意焉是
日叙位云々
嵯峨天皇弘仁十三年十一月丁巳朔旦冬

嵯峨天皇弘仁十三年十一月丁巳朔旦冬
至百官奉賀詔曰神功不宰萬物樂
其遂生聖德无外億兆逮其藏用故能
光宅遐寓經緯陰陽大之庇生靈闡揚鴻
列朕以眇身忝膺司牧履薄奔常
懷祗懼比有司奏稱今年十一月朔旦冬至
終而復始得天之紀厭候寒律節廟徵
陽踐長之慶非妄故實延祚之義朕有
前聞朕之寡德何獨當仁思与天下同

前闕朕之寡德何獨當仁恩与天下同
京斯福自弘仁十三年十一月廿昧爽以
前徒罪已下无問軽重咸従免除但八
虐故殺人謀殺人強竊二盜私鑄錢常
赦所不免者及欠負官物之類不在限
若以赦前事告言者以其罪之其門蔭
久施及才効早著特加崇班用申寵
光内外文武官主典以上叙爵一級在京
正六位上官人及史生以下直丁以上宜量

正六位上官人及史生以下直丁以上宜量
賜物廣施恩榮於赤縣荅霊貺於蒼
天布遙遐邇知朕意焉
仁明天皇承和八年十一月丁酉朔是朔
且冬至也公卿上表奉賀丙辰　詔曰賦
象不感九玄施仁与物為春一人救世
故能功高振古軒昊之化克諧事美遐
年勛華之業逾峻朕以寡昧忝臨黎
苗撫事思愆毎深懐抱迺者有司奏言

苗撫育恩慇毎深懐抱迺者有司奏言
今年十一月朔旦冬至當天統之嘉數叢
無賜之並基歴駕統而布周行上德而
演貺夫乾鑒玄遠必感聖鑒自顧菲
虛何入靈聽故今恩與天下共斯休祉自
承和八年十一月廿日昧爽以前徒罪以下
不論輕重一從免除但八虐故殺人謀殺
人強竊二盜私鑄常赦所不免及欠負
官物之類不在赦限若以赦前事相告

官物之類不在赦限若以赦前事相告
言者以其罪々之其門蔭久絶功才早著
者特加栄奨式暢寵光内外文武官主
典以上進爵一級在京正六位上諸史及史
生直丁以上宜量賜物廣施愷澤於萌俗
各嘉貺於美寧布告遐邇俾知朕意是
日天皇御紫宸殿宴于百官詔曰天皇我
詔旨良万止勅命乎衆聞食止宣朔旦冬至波
歴代文希値尓王者休祥奈利朕加以不徳天

歴代文希値尓王者休祥奈利朕か以不徳天
今尓得値太利朕而已夜止乎嘉備年卿太知百官
人止天下乃公民尓至万大捐賀部之上所念行
須故是以仕奉状乃随尓上治賜久人毛在氏乃
中尓治賜人毛一二在又諸司乃主典与利以上
人尓冠一階上賜比又司司乃人止毛尓至万天尓大物
賜比又天下徒罪已下人止毛免賜久止勅大命乎
衆聞食止宣　叙位云々
宴訖賜禄有差

宴訖賜禄有差
撿國史今年有此宣命又貞觀二年元慶
三年同載此宣命
清和天皇貞觀二年閏十月廿三日勅從四
位下行文章博士菅原朝臣是善正五位
下播磨守大枝朝臣音人正五位下右少
弁藤原朝臣冬緒從五位上行大學博士
大春日朝臣雄継從五位下守主計頭有
宗宿祢益門等自今年十一章十九年准

宗省称益門等朔旦今年一章十九年准
據先例當有朔旦冬至而曆博士真野
麿等所上曆日冬至在十一月二日若於經
史有可進退之理乎宜議而奏之是善
等奏議曰謹案真野麿所執以為依日分
小餘不足不得合朔論之曆術理不當
然但案曆經注云月行遲疾曆則有三
大小以日行盈縮增損之則當察加時早
晩隨其所進而進退之使不過三大三小

晩随其所進退之使不過三大三小
其正月朔若有交加時正見者消息前
後一日以定大小令虧在晦者以此莫之
既有進退之理而今當年暦八月大九
月小十月大閏十月小然則以一小月為大
自得朔旦冬至夫朔旦冬至者暦數之所
指帝王之休祥既云避在晦何不遂
吉以退朔昔唐太宗貞観十四年有閏十
月即得朔旦冬至大史令傅仁均以若免為

月即得朔旦冬至太史令傅仁均以若充爲
朔旦冬至而寅義郎李淳風案古暦分
日以爲甲子直在朔旦　詔下公卿及諸有識
於是國子祭酒孔穎達等十有四人尚書
八座請從淳風議有詔可之雖遂至於後
年不見晷躍之術愈表知一日進退未足爲妨又
尚書百釋云頻大消之棄其音義毎至章蔀
之蔵女欲令得朔旦冬至故頻置大月至於
三月四大三小者暦術之常法法況今唯

三月四大三小暦術々常法法況今唯
量二大既得今朔辛又勅從五位下暦博士
大春日朝臣真野麿外從五位下陰陽助
兼權陰陽博士笠朝臣名高々亦日今諸有
識等僉議云今年可量朔且冬至若依古説
遂古量朔者於後年暦得蔀氣不錯謬
次真野麿等奏言謹檢術法元依古進
退之文仍今年不量朔且冬至但依群臣
議量々可無准望晦朔々差於從是善等

議宜々下无準望晦朔々差於従是善等
々議廿五日宣訖百官及五畿七道諸國云
今年當有朔旦冬至而暦家偏依日分不
足畳於二日今蓍々故實既有改定之理
宜改閏十月為大即以十一月一日丁巳為朔
且冬至十一月丁巳朔旦冬至公卿上表賀朔
且冬至日長開乾坤不寧日月无私逢其
道則滙以自癸須其常則祥禎暗叶然
則上元之歳以正之辰合璧和光連珠派綵

則上元之歳以正之辰合璧和光連珠派彩
歴列辟而稀遭待興王而今瑞者也中謝
伏惟皇帝陛下乗天之序継聖之明生
知之徳潜通不言之化自遠是以陰陽降
祉天人合應慶雲連理史不絶書瑞鳥
嘉禾府無虚月而今律應北宮漏移南
至五星同舎均瑞彩於周基四躔集辰合
昌躍於漢祀從之九霄以降祥之表無遺之
嘉運豈不以天地合徳日月齊明光天而

嘉運豈不以天地合徳日月含明先天而
天不違後天而奉天時者哉臣等傾心
日豊庇歎蹤闈顧惟愚情竊感顕慶
同陳思王之託表唯祝踐長畢崔亭伯
之作銘猶欽延祚无任聳抃之至謹拜
表奉賀以聞是日帝御前殿賜飲侍臣并
文武官及校書殿内竪寺見直者奏之
十六日壬辰詔曰皇天無親以萬物為芻狗
聖人無心以百姓為耳目是以資生無誅不

聖人無心以百姓為耳目是以資生無諫不
定之化克隆樂推不厭之无為之業長遵
朕以眇々之身託万民之上踐道已淺奈何
荒懐但頼群公卿士盡力匡翼朕躬迺者
公卿奏言今年十一月朔旦冬至得天之紀
終而復始連珠映五緯而懸合璧疊
二離而擒彩雉堙闕恒苐而無感至仁朕
之寡德何鐘斯祥肆思与天下共同休慶
自貞觀二年十一月十六日昧爽以前徒罪以

自貞観二年十一月十六日昧爽以前徒罪以
下不論軽重咸從免除但八虐故殺謀殺
強竊二盗私鋳銭常赦所不免及欠負
官物之類不在赦限若以赦前事相告言
者以其罪々之其門蔭久絶及功才早彰
者特加榮奨式暢寵章内外文武官主
典已上叙爵一級在京正六位上諸吏及史
生以下直丁已上又天下高年人等宜量
賜物廣覃鴻霈於浹宇巻廛春於昊蒼

賜物廣覃鴻霈於凌宇養崖春於昊蒼
布告遐迩俾知朕意天皇御前殿宴群臣
賜文武官爵並命之

菅丞相
御作
陽成天皇元慶三年十一月丙辰朔旦冬至
右大臣已下参議已上抗表賀曰臣基経
等言臣聞潜鱗游泳樂春水於和風稚
羽来賓拂曉雲於秋月彼微情々二物猶
感奉天況在位々群臣誰忘飲化象三知
禋四驟得道朔乃寒暑々卒也雙離合

程四驪得道朔乃寒暑之本也雙離合
璧五緯連珠朔及聖哲之事也臣等謹案
曆日十一月丙辰朔且冬至暫之舊章理
誠宜賀〻伏惟皇帝陛下欽若宸極昇惟
馨於昊天敬授不倦讓其冕於黎廣蓋
古先王之所希有舊史氏之所罕言陛
下得之明德至矣猗歟日則南至陛下向陽
之美可觀星惟北共臣等謁闕之誠何切聖
壽允曆明時有瑞不勝抃舞表以聞臣基

壽无疆明時有瑞不勝抃舞表以聞臣基
経誠歡誠喜頓首々々死罪々々謹言於宜
陽殿西廂賜親王已下次侍従已上飲非侍
従四位五位及未得解由五位已上國宰被
喚預席々宴竟賜禄各有差々廿有日因
承相作庚辰詔曰朕以眇身托臨百姓蒼
天可畏赤縣猶懸乃者有司奏言今月
朔且冬至誠々懼且賀夫一陽々可以歡々朕
更增一以々慎履長々可以樂朕遂切履

更増一以〻慎〻服長〻可以樂朕遜切服
水〻憂苟日休祥何為非遇自元慶三年
十一月廿五日昧爽以前從罪以下不論輕重
咸從寬宥但八虐故殺人謀殺人強竊二
盜私鑄錢常赦所不免及欠負官物〻
類不在赦限若以赦前事相告言者以其
罪〻之其門旌文絶才勤先著特加榮
賞以襃朝章内外文武官主典以已叙
爵一級在京正六位上諸吏及史生以下

已消之作

爵一級、在京正六位以下諸吏及史生以下直丁以上、又天下高年者、宜量賜物歟、俾彼非罪科者、自見震雷之緩作解、靡好爵者、耳聞陰鶴之不吝聲、其賜級賜物之徒、所司明加實覈、布告遐尓、宜擇朕行之、主者施行、天皇御紫宸殿宴于百官、大歌、五節舞、並如常、賜禄各有差、宣命叙位云々、

醍醐天皇昌泰元年十一月丙申朔、公卿抗

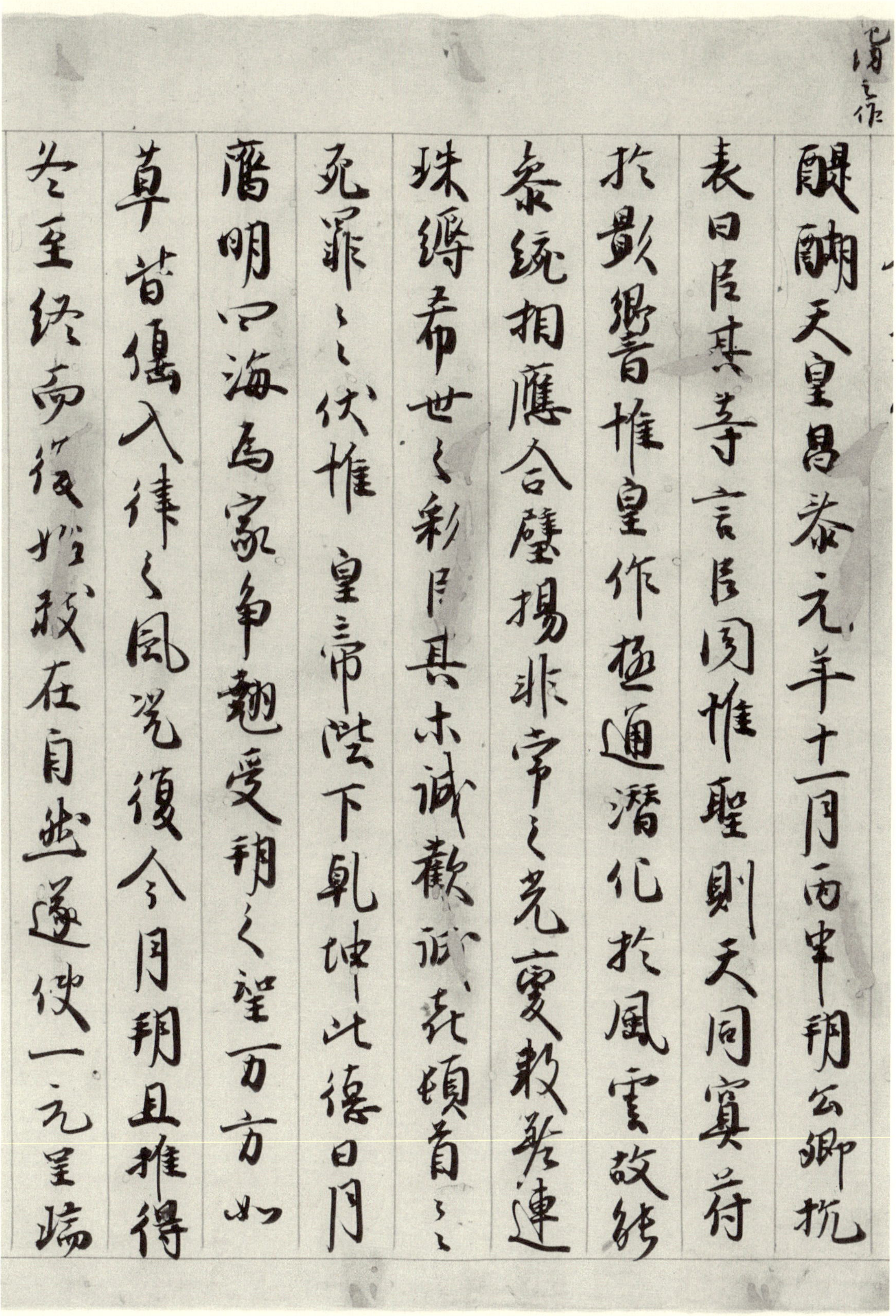

清之作
醍醐天皇昌泰元年十一月丙申朔公卿抗
表曰臣某等言臣聞惟聖則天同寅符
於歲躔晷惟皇作極通潛化於風雲故能
參統揖應合璧揚非常之光慶教發連
珠緯希世之彩臣某等誠歡誠喜頓首〻〻
死罪〻〻伏惟　皇帝陛下乾坤比德日月
齊明四海為家爭趨受朔之望万方如
草皆偃入律之風光復今月朔旦推得
冬至終而復始数在自然遂使一元呈端

冬至終而復始、循環在自然、遂使一元呈瑞
遇陛下改元之年、九會發祥、當臣等加會
之日、明哉靈貺、難得而稱、古之黄帝合於
久視、今乃知玄運叶於長生、懇列鳳遊、誰兆
鳥藻、無任抃舞踴躍之至、謹拜表奉賀
以聞、臣某誠歡誠喜、頓首々々、死罪々々、謹
言、廿一日丙辰詔、同年十一月廿一日詔云々、
撫璿圖登寶籙者、莫不正璇璣於七
政、和玉燭於四時、用能三十六旬膏雨無

政和玉燭於四時用能三十六旬膏雨無
破塊之聲七十餘度協風絶鳴條之響
朕以菲質忝纂重光毎思教令之不明
常恐節候之無信廼者有司奏言今月
朔旦推得冬至終而後始栽在自然朕自
惟寡德何以會嘉辰豈非祖宗靈貺所
佑保持之致焉率思与天下共此休祥自
昌泰元年十一月廿一日昧爽以前徒罪以
下不論輕重咸從原免但八虐故殺人謀

下不論輕重咸從原免但八虐故殺人謀
殺人強竊二盗私鑄錢常赦所不免及
欠負官物々類不在赦限若以赦前事
相告言以其罪々々其門蔭人絶才勤尤
著者特加榮賞以穆朝章又内外文武
官主典以上叙爵一級在京正六位上諸
吏及史生以下直下以上并天下高年者
宜量賜物庶使市金科者沐德澤於每
生々并延爵賞者戴　晨光於一陽々

生々年延齢貴者哉　是光於一陽之
日布告遐邇知朕意焉主者施行

善相公作

延喜十七年十一月一日朔公卿表賀云臣
忠平等言陰陽橐籥聖人制推策之
覩寒暑循環皇王授民之典故能璧
日珠皇盈縮之度有序銀衡玉管分至之
朔無愆臣忠平誠歡誠喜頓首死罪伏
惟　皇帝陛下德均提象功優錫疇不
宰而亭毒万方無為而調和四序長寒

寧而亭毒万方無為而調和四序長寒
之巻自温寧待吹律之気蕃服之郷向化
遂俟干呂之雲物復當此朔日之朝推得
冬至之節階蓂萌其新葉灊竹飛其
陽灰交會有度毎致希代之禎祥気
候合朔頻降上天之顯應昔者軒皇得之
而藉神漢武遇之而勤色見此於今日蓋
技於晷時良木訖七尺於聖徳露方寸於
明時濠梁之中魚樂自至庭屋之上雀

明時讓梁之中奥楽自至履庭之上萑
賀徒喧無疆之寞誠協應於靈符久視
之蔵豈成疑於天賦不任鳧藻之至謹拝
表奉賀以聞臣忠平誠歡誠喜頓首〻〻
死罪〻〻謹言
同年十一月十七日詔先王制礼候星辰
而奉万機上帝施功分寒暑而煋群物
是以致敬均平則居諸無愆運行之度
陰陽協序則晦朔不違推歩之期朕以

陰陽協序則啓閉不違推歩之期朕以
菲霊忝承洪業臨深履薄勤労股肱
常恐失月令於怠慢迷時若之風雨適
者有司奏言今年十一月朔旦冬至得天之
紀終而復始誠是王者逌祚之祥也朕之
之身豈敢鍾之思与天下共此休祥自延
喜十七年十一月廿七日昧爽以前徒罪以
下不論軽重咸従原免但八虐故殺謀
殺人強竊二盗私鋳銭常赦所不免及

殺人強竊二盜私鑄錢常赦所不免及
欠負官物々類不在赦限若以赦前事
相告言者以其罪々々之其功臣未葬及才
効著聞者特加榮賞以稱朝章又內外
文武官主典以上叙爵一級在京正六位上
諸吏及史生以下直丁以上并天下高年
者宜量賜物庶遍恵澤於四海蒼靈既
於九天布告遐迩俾知朕意主者施行
邑上天皇天曆九年十一月朔旦冬至公卿

邑上天皇天暦九年十一月朔旦冬至公卿
抗表賀曰臣實等言臣聞二耀合璧
暗頭明王之慶五星連珠自契聖之符
歷千歲而難逢待一時而表瑞臣實　等
誠懽誠喜頓首々々死罪々々伏惟
皇帝陛下天地讓德日月謝明蓂莢有
信遐誇漢主之諧昔年分至無愆更喜
魯公之得今礼雲行雨施德澤連千山
之岫鳴來鶴去仁風翔四海之濱况今日

(50)

之岫鳴来鶴去仁風翔四海之濱況今日
朔日當于冬至得天之紀終而復始誠是
先王之希有延祚之休徵者也又司天臺
奏老人星見即詒乎主壽臣等逢此有
慶之年已獻無疆之壽可以娑婆世域之
下可以優遊福林之中巍々蕩々難得而
名中黄弥遠臣等望南至稱賀大業可
久陛下當北極而不移無勝鳧藻之至
謹拜表奉賀以聞臣實頓首誠懽誠喜

滝拝表奉賀以聞臣實頼誠懽誠喜
頓首々々死罪々々謹言　同年十一月廿二日
詔文質雅移承駿命者先正寶暦驛
翰遥謝致鳴佐者必慎璇衡故銅管
々候同符玉燭々和合契陽霞隠哉七
耀蕤星垂私々功露洞霜凝四驕自成不
言々化朕忝継丕緒祇守耆圖日昕勿
休歎風教々難給夷分忘寝恐同令々
有車過者有司奏言老人星見又今月

有幸迴者有司奏言老人星見又今月
朔旦當於冬至得天之紀終而復始朕以
非徳遇此佳期非唯宗社之助蓋是
輔弼之勤成何使一人專其嘉祉須与万
姓共其禎祥自天暦九年十一月廿二日昧
爽以前徒罪以下不輕重咸從原免但八
虐故殺謀殺強竊二盜私鑄錢常赦所
不免及欠之負官物之類不在赦限若以赦
前事相告言者以其罪〻〻之其功已未畢

前事相告言者以其罪〻之其功臣末葉
及才勲著聞者特加榮賞以襃明章
又内外文武主典以上叙爵一級在京正六
位上諸吏及史生以下直丁以上并天下
高年者宜量賜物庶令黄砂〻下懸政
蕩而洗慶心赤縣之中惠風扇而增暢
布告遐邇俾知朕意主者施行
圓融院天皇天延二年十一月朔旦冬至公
卿抗表曰臣兼通等言臣聞叡德上達

卿抗表曰臣等言臣聞徽德上達
則耀緯是璧珠也皇化旁通則風雲
為律呂也即知玉燭之調和諒隨金鏡之
光彩臣某誠歡誠喜頓首々々死罪
々々臣等謹案暦曰今月乙亥朔日冬至
惟天之境　聖日荷愛顕當乃聖之奉
天時感其徹矣伏惟皇帝陛下德配乾坤
仁覃動植受朔者自遠四裔歲慶慎胡
者有儀諸侯萬玉寧非化之廣被乎寧

者有儀諸使萬玉寧非化之廣被乎寧
非令之能引乎宜弘千載一遇之聖彩擅
此希値乎得之嘉節猗歟禩々焉皇々焉
感德之事賀其捨諸良木章為比封之
身重以敬授之賜寵觀圭障於南極自赤羽
而聽覺歌周磬聲於此宮先百獸而舞
舞万壽之獻一心無還不勝抃躍拜以南
臣ム等誠歡誠恐頓首々々死罪々々謹言
同年十一月十八日詔吉明聖之垂辰星不

同年十一月十八日詔古明聖〻布辰星不
忒律呂克調月草三旬暗知弦望晦朔
〻候風條五日長和七十餘二〻聲是則
所以德達乾象仁洽寰瀛〻故也朕謬以人
寡昧〻身託於王侯之上方撫勤達于月
令四海未化于時邕常恐司天臺〻空
奏休祥憑捐氏〻無候至否迴者公卿
奏言謹案暦曰今月乙亥朔旦冬至推
天之端聖日符麦頭焉乃聖〻于天時

天之曆聖日符麦頭焉乃聖々于天時
感其徵矣識雖靈埜之遇称是延祚之
發也朕之不德焉獨鍾之思与我民同享
斯福自天延二年十一月十八日昧爽以前徒
罪以下不論輕重咸從原免但八虐故殺
謀殺強竊二盗私鑄錢常赦所不免
及欠負官物之類不在赦限若以赦前
事相告言以罪々之其功臣未蒙才勳
者閑者特加榮賞以襃頭章又內外

着闕者特加榮賞以稱朔章又内外
文武官主典以上叙爵一級左京正六位
上諸吏及史生以下直丁以上并天下高
年者宜量賜差分一章腹長之光普
闕地民飽德之慶布告遐邇俾知朕意
主者施行今上正暦四年十一月一日朔旦
冬至公卿抗表曰臣道隆等言臣聞乾坤
之心無體唯以人心為心陰陽之氣不德純
隨政施氣是故聖哲在位則二耀連璧

随政施秉是故聖哲在位則二耀連璧
五緯編珠皇天垂祥爲福祚安穏風俗
有截臣道隆等誠歡誠喜頓首々々
死罪々々臣等謹案暦日十一月甲寅
朔旦冬至三初相并百僚宜賀伏惟
皇帝陛下仁被當今徳流在昔天惟
致瑞麟鳳集東觀之毫地乃貢珎母青
鸞南宮之瞽矧乎聖暦履長之日令
万壽以不窮豊年呈美之雲与一陽以倶

万壽以不窮豊年呈美之雲与一陽以俱
起臣末已遇唐虞運之時復覩殷周
曠代之事乎足蹈舞暗和吹管之聲
身體静安日含壽衣之化不勝欲躍抃表
以聞臣道隆末誠歡誠喜頓首〻〻死罪
〻〻謹言

同年十一月十五日詔陰陽不測寧〻者
明王寒暑無愆司〻者哲后故軒皇御
暦雙離之璧合光漢徹乗時五緯〻

暦雙離之璧合光漢徹奈時五緯之
珠連彩朕嗣守昌基忝纂睿業七政未
能在璇璣之叙四時唯恐失玉燭之和迺
者有司奏言今年十一月朔旦冬至履端
於始舉正於中朕之素虚雖鍾文質之
澆季天之玄應爲遇章首之嘉期斯乃
宗祧祐福之効臣依燮理之功已有舊
典何違新休自正暦四年十一月十五日昧爽
以前徒罪以下不論輕重贓徒原免但八

以前徒罪以下不論軽重贓徒原免但八
虐故殺謀殺強竊二盗私鋳銭常赦所
不免及欠負官物之類不在赦限若以赦
前事相告言者以其罪々之其功臣末葉
及才効著聞者特加栄賞以褒朝章
又内外文武官主典已上叙爵一級在
京正六位上諸史生以下直丁以上并
天下高年者宜量賜物庶賀禎祥於
一陽洽慶賚於万姓布告遐邇俾知朕意

一陽洽慶責於方牧布告遐邇俾知朕意

主者施行

政事要略巻第廿五

巻六十　交替雑事二十

政事要略
巻第六十

政事要略
巻第六十

政事要略第六十　交替雑事廿

損不堪佃田事　申損不堪佃在公務不堪佃田并損田坪付帳部　附書依異損免租調事

例損戸率事

損戸交易事

定戸等第事

雑事　賑給在此中

損不堪佃田事　申損不堪佃在公務不堪佃田并損田坪付帳部　附出依異損免租調事

弘民格云、勅、一凡田有水旱蟲霜不熟之處、應免

弘民格云勅一凡田有水旱蟲霜不熟之處應免
調庸者卅九戶以下國司檢實處分五十戶以上
上申太政官三百戶以上奏聞應申官者九月
卅日以前申送十月以後不須
慶雲三年九月廿日
民部式云遭水旱災蝗不熟田一處五十戶
以上者馳驛申上
弘民格云勅准令田有水旱蟲霜不熟之處
國司檢實具錄申官介國司檢實之日或

國司檢實具録申官今國司檢實之日或
不遭水旱妄録損失五分免令之實或全
得種欺加損田虚申官之帳良由國司不
存撿挍致有此損失清廉之道豈合如此
自今以後國郡宜造苗簿日與捨其虚造租
帳時全取其實若不加撿察致有隱欺准
事條載即解見任主者施行
霊龜三年五月十一日
賦役令云田有水旱蟲霜不熟之處國司檢

賦役令云田有水旱蟲霜不熟之處國司檢
實具録申官　謂一戶以上曰損五分以上者若不滿五分者唯注祖帳不勞言上其戶内之日或
損或得者亦免其分祖不免調庸若不熟之由一處滿五
十戶者馳驛言上若通計載處滿五十戶者國司處分
申官唯爲口分並文具責買田及功田職田寺者依
見損載免其由祖不依口分例也　十
分損五分以上免祖損七分免祖調損八分以上
課役俱免　謂課者調及副物由祖之類也從者庸及雜徭之類但驛戶者不在免例何者飛
驛國逈丁不免故也同課田祖之類未知他条田祖忽得屆
課以不含唯爲當条生文不渉令内通例假如三位以上
父祖兄弟雖免課不可免役之類也
若桑麻損盡者　謂全損即雖不全損不堪輸調者亦是其桑麻者不相須也
各免調　謂若元謂而有役者即免其桑麻所輸絁布不同人

調者亦是其桑麻各免調謂若无調而有役者即免
者不相須也　其桑麻所輸絁布不同以
稱各其已役已輸者謂已役者臨時差役也已輸者上
條云調糸七月輸訖也
聽折來年謂來年若有思復及遭水旱
蟲霜者亦須待後年免者
釋云具録申官謂一戸以但一戸内口或損
或得者上免其分租不免調役也句也慶
雲三年九月廿日格云田有水旱蟲霜
不熟之處應免調庸者卌九戸以下國
司檢實處分五十戸以上申太政官三
百戸以上奏聞養老八年格云租者全以

百戸以上奏聞養老八年格云祖者全以
十分已上為定不得以六分大半弘仁七
年十一月四日官符云應令依法處分損
田事右須天下田祖戸別立率常免二
分令輸分其有損七分已上戸者大國
卌九戸已下上國卅九戸已下中國廿
九戸已下下國十九戸已下以為限制若
損七分已上戸國內惣依此限及損五
分有多少通計不過一分者令國司檢

（3）

分有多少通計不過一分者令國司檢
實處分通前為三分已下至其納之
載定收七分已上若五年損過此法即
准例申官聽裁者據此唯量五分已上
明有其限四分已下夭見所由縱令有
甲授田一町十分而論見損四段又有乙
損三段而諸國覆損使等確執格旨
不勞三四分百姓為患莫過於斯望請
收租之法復依三不得七之舊例但卌九

收租之法復依三不得七之舊例但卅九
戸之差一依格行者奉勅依請者定損
之法格文灼然而或國司不必其人於損四
分已下之由濫幷疑論更煩聽裁宜
格旨令人易知似須檢損之體先檢見
損遍計内不過三分即令國宰處量加
超此法乃以常官宛云同一處五十戸
其義何答一里之五十戸口分於一處
而患損是也其一里之五十戸口分所々

（4）

而患損是也其一里之五十戸口分所〻
損通計満五十戸及諸里之五十戸
口分受於一處患損或雖一里之五十
戸田於一處不熟而不満五分以上之類
者皆不馳驛只言上國司處分耳令師云
里之田受所〻均患損他里受田患不損
者為災与一處損五十戸田不異即准
之馳驛也問答云三百戸以上者奏聞者
未知依國言上之状官奏欲為當國司作

未知依國言上之狀官奏欲爲當國司作
奏書欲否依言上之狀官奏聞耳十分
謂於一戸爲分非人別爲分也假一戸町
五町賣他全剋五町自佃患損仍賣及
佃租皆免凡租者佃人所出令稱免可
出租之人耳令師云所賣五町全剋者
買人可出全租也所自作五町全損者
只免租不及課役或所賣患損所作患
得買人只免租不及課役也自作患得

得買人只免租不及課役也自作者得
者租并課役如常耳棄之此留薄式
心也能可返捨耳讃云或一戸内七人
分者損三分全得者租調十人倶免
庸不免之類跡云假令一戸内有戴丁
而一人田令損餘人田不損者為不及
分損全損人不免課役只免租耳
課役但免穴云同衛士仕丁等之類不與年不免仕
由何答此文免除見進之物也其役身之
徒非文所云縦還息復年久不免仕耳跡云衛士仕丁
之類雖不與之年猶合上京但国之日免調耳此説

徒非文所云縦遇恩復年之不免仕耳跡云衛士仕丁
之類雖不與之年猶合上京但国之日免調耳此説
不知得不也佩
云不可進也

桑麻損盡　穴云桑麻損盡者未知田損七分已上
而文桑麻不損或桑麻損而田不損
者何吾田損七分以上者桑麻雖不損而須免祖
調若桑麻損盡者田雖不損而免調耳不及
集物也同田損五分以上時言上一處五十戸以上
馳驛若數多者奏聞未知於桑麻如何言上馳驛
奏聞等之事吾令釋云師説桑与麻不損須拾駅
所損不堪輸調是一郡損盡者馳驛言上耳但非
全損者直言上耳　記一戸以上全損者直為言上耳　其出雜物者不損
免但依田不出雜物国皆同免耳古記云同桑麻損
盡為十分以不吾不作十分但依文一戸盡可免然
今行事一国全盡乃免盡謂无残餘跡云損盡謂
全不堪輸調若輸糸布處忽唯此

令行事一国全盡乃免盡謂元残鮮跡云損盡謂
全不堪輸調若輸系布處忽唯此
各免調穴云桒麻損盡各免調謂以絶綿布爲
調也令釋云若無調有役者免役耳後
定進布之国依麻損免耳自余爲不可免也失
云未知凡元謂有役色謂色耳葉下条云夏季
附者免課役
者此欲何

文集策林辨水旱之災明存救之術尚書洪範云曰猛恒雨
若日僭恒暘若注云君
行狂妄則常雨順若行
僭差則常陽順也
問狂恒雨若僭恒暘若此言政失道必感於天也
又堯之水九年湯之旱七年此言陰陽定之數
不由於人也若必繫於政則盈虚之數徒言如

不由於人也若必繫於政則盈虚之數從言如
不由於人則精誠之禱無用二義相反其誰
可從又問令陰陽不測水旱無常將欲歲以
於豊凶救人命於凍餒凶歉之歲何方可以
足其食災荒之日何計可以固其心將備不
虞必有其要歷代之術可明徵焉
臣聞水旱之災有小有大大者由運小者由人
者由君上之失道其災可得而移也由運者
由陰陽之運其災不可得而遷也然則小

由陰陽之定數其災不可得而遷也然則小
大本末臣粗知之其小者或兵戈不戢軍旅
有旋暴者焉或殊罰不中刑獄有冤濫者
焉小人入用讒佞有得志者焉或君子失位
忠良有放棄者焉或男女臣妾有怨曠者或
鰥寡孤獨有困死者焉或賦斂之法無度焉
或土木之功不時焉於是乎憂傷之氣憤怨
之誠以傷和變而爲祢古之君人者逢一災
偶一異則收視反聽察其所由且思乎軍鎮

偶一異則收視反聽察其所由且思乎軍鎮之中無乃有縱異者耶刑獄之中無乃有寃黠者耶權寵之中無乃有不肖者耶政吏之中無乃有忠賢者耶内外臣妾無乃有幽懸者耶天之窮人無乃有困死者耶賦入之法無乃過厚耶土木之功無乃屢興耶若有一於此則是政令之失而天地之譴也又鴻範云狂恒雨若僭恒暘若言不信不入亦水旱應之然則人君苟能改過塞違寧德從改勵

應之變則人君尚能改過塞違率德從政勵
放天之恚虔罪己之心則雖踰月之霖經時
之旱至誠所感不能為災何則古人或牧
一州或宰一縣有暴身致雨者有救火反
風者有飛蝗去境者郡邑之長猶能感通
況王者為万乘之尊居非人之上悔過可以
動天地遷善可以感神明天地神明尚且不
遠而況於水旱風雨蟲蝗者乎此臣所謂
由人可移之災也夫以堯之大聖湯之至仁

由人可移之灾也夫以堯之大聖湯之至仁于時徳伶人和刑清兵偃上無狂僭之政下無怨嗟之聲而辛浩〻滔天之灾矣〻爛石之旅非君上之失道蓋陰陽之定數矣此臣所謂由運不可遷之灾也然則聖人不能遷灾能禳灾也不能違時能輔時〻也時在乎廩積有常仁恵有素備之以儲稸凶荒而人無采色固之以恩信雖患難而人無離心儲蓄者聚於豊年散於歉歳恩信

無雖心儲蓄者聚於豊年藏於歉歳是信者行於安日用於危時夫如是則雖陰陽之數不可違而水旱之災不能害故曰人旌勝天蓋是謂矣斯亦圖之在早備之在先所謂思危於安防勞於逸若患至方備災成而後圖則雖聖人不能救矣抑臣又聞古者聖王在上而下不凍餧者何哉非家至日見衣食之蓋能均其衣食之厚也夫天道無常故歳有豊必有凶地之利有限故

道無常故歳有豊必有凶地々利有限故
物有盈必有縮聖王知其必然於是作錢
刀布帛之貨以時交易之以時斂散之所以
持豊濟凶用盈補縮則衣食之貴穀帛之
生調而均之不啻足矣蓋管氏之輕重李
悝之平糶耿壽昌之常平者可謂不涸々
倉不渇之府也故豊稔之歳則貴糴以利
農人凶歛之年則賤糶以活饑殍若水旱
作弥則貧爲九年々蓄若兵甲或動則餽

作弥則資爲九年之蓄若兵甲或動則餽
爲三軍之糧上以拘天時之豊去下以擁地財
之盈縮則雖九年之水七年之旱不能害
其人荒其國矣至若禳禱之術去蔫之政歴
代之諸臣粗閲之則有雩天地以牲牢禁山
川以圭璧祈五龍於玄寺靡群望於靈壇徙而
徙域賑食儆樂緩刑省礼殺畫勸農斂哀
多婚弛力舍禁出皆從人之望隨之宜見協
下之心表泰天之罰但可以消小灾變未足以

下之心表泰天之罰祖可以消小災變未足以
救大歉大熹必欲保邦求安人於困則在乎
儲蓄充其腹恩信結其心而已蓋羲農唐
禹湯文武皆由此道王也
玄蕃式云天下若有旱災令京畿内諸寺僧
尼限三箇日讀經悔過
戶婚律云部内有旱澇霜雹蟲蝗為害之處
主司應言而不言及妄言者杖七十不覆撿不以
實者与同罪　旱謂亢陽澇謂霖雨霜謂時降實雹謂損物為火蟲蝗謂螟蝥蟊賊之類依

實者与同罪　旱謂元復澇謂霖雨霜謂時降實雹謂損物為〻入蟲蝗謂螟螽（蟊）賊之類依
令十分損五以上免租損七免租調損八以上課役俱免
若桑麻損盡者各免調其應損免者皆主司合言
主司謂里長以上里長須言於郡〻申國〻申官多者
奏聞其應言而不言及妄言者所由主司杖七十其有
交使覆撿不以實者与　若致枉有所徵免贓
同罪亦合杖七十
重者坐贓論　致枉有所徵免者謂應損而徵不應損而免計所枉徵免贓罪重於
杖七十者坐贓論罪止徒三年既是以贓致罪皆合累倍而若有應得損免不与損免以枉徵之物或将入己
或将入己或用入官者亦准上條妄脱漏增減之罪入官者坐贓論入私者以枉法論死者加役流
釋云蟲除忠反爾雅云有足曰蟲无足曰豸蝗胡孟反
蒼頡篇蝗螽也之戎反說文又螽字也螽蝗也螽

蒼頡篇蝗螽之戎反説文文螽字也螽蝗也螽
斯蚣蝑也螟亡丁反詩傳曰食苗心曰螟尓雅云
螟蛉桑虫郭璞曰桑蝎也莫食反毛傳曰蟊
食根曰蝥或作蟊字霖霪三日已上為霖
久雨為霪也霣為門反説文斉人謂雷為霣一日
雷轉起也字指曰帝雨也食心曰螟食葉曰
蟘徒德反食根曰蝥食節曰賊

文集樂府上　諷諭雜言

捕蝗　刺長吏也

捕蝗　刺長吏也

捕蝗々々者誰子天熱日長飢欲死興元兵
久傷陰陽和氣蠱蠹化為蝗始自南河及
三輔薦食如蠶飛似雨々飛蠶食千里間不見
青苗空赤土河南長吏言憂農課人晝夜
捕蝗虫是時粟斗錢三百蝗虫之價与粟同
捕蝗々々竟何利徒使飢人重勞費一虫雖
死百虫来豈将人力競天災我聞古之良吏
有善政々以驅蝗々出境又聞貞観之初道欲

有善政以驅蝗々出境又聞貞觀之初道欲
昌文皇仰天呑一蝗一人有慶兆人頼是歳雖
蝗不爲害　貞觀二年太宗呑蝗事具貞觀實録
唐暦　第四太宗一　云貞觀二年六月辛卯終南等
數縣蝗太宗至苑中掇數十枚而咒之曰民以
穀爲命而汝食之是害于百姓也百姓有過
在予一人爾其有靈但當食我無害百姓
將呑之羣臣恐生疾遽來諫上太宗曰所
冀移災朕躬何疾之避遂呑之自是蝗

冀移災朕躬何疾之避遂呑之自是蝗
不為災實録文
同下
主税式云諸國申損田縁國内田有一万町出挙
稲五十万束遣使勘定損田千町令申雜稲
未納五万束已下自外準此數為定唯但其
未納者依官符勘定
弘仁格云應令依法處分損田事
右太政官去大同元年十一月二日下諸國符偁
畿内東海北陸山陰南海五道觀察使奏偁

畿内東海北陸山陰南海五道観察使奏偁
撿太政官去延暦廿一年七月十五日苻偁右大
臣宣奉　勅夫益国利人古今通典而前例
後格共乖適中仍取捨彼此更立新例今須
天下田租戸別立率常免二分令輸八分其
有損七分已上戸者大国卅九戸已下上国卅九
戸已下中國廿九戸已下下國十九戸已下以為
限制若損七分已上戸国内惣依此限及損
五分有多少通計不過一分者令國司撿實

五分有多少通計不過一分者令國司捨實
處分通前為三分已下至乃納官之數定為七
分已上若五年損過此法限准例申官聽裁
者據此唯量五分已上明月其限四分已下未見
所由縱令有甲授口一町十分而論見損四段又
有乙損三段而諸國覆損使等確執格旨不
勞三四分百姓為患莫過於斯望請改之祖
法復依不三得七年舊例但卅九戸之差一
依格行者右大臣宣奉　勅依請者國承知

依損行者右大臣宣奉　勅依請者國承知
依宣行之者今被右大臣宣偁奉勅定損
之法損文灼然而或國司不知其人於損四
分已下之田是疑論更煩聽裁宜須損百令
人易知仍須捨損之體先捨見損通計國
内不過三分即令國宰處量如是此法乃以申
官
弘仁七年十一月廿日
主税式祖帳損

主税式祖帳損
合國内田若干町段
定田若干町
應輸祖田若干町
損若干町
八分已上若干烟
田若干町
七分已上若干烟
田若干町

田若干町

五分戸若干烟

田若干町

四分戸若干烟

田若干町

損田損戸名異實同令据之文以之可知但損戸更易之損戸異此具見彼詳

主税式云檢損并不堪佃田賑給疫死等使

程限次式文在使部

山城河内攝津伊勢遠江駿河甲斐相摸信濃

山城 河内 攝津 伊勢 遠江 駿河 甲斐 相模 信濃
加賀 丹波 但馬 因幡 伯耆 出雲 美作 備前 備中
備後 安藝 周防 長門 紀伊 阿波 讃岐 筑前 筑後
肥前 豊前 豊後等國損田百日不堪佃田八十日大和
武蔵 上総 下総 近江 美乃 上野 下野 出羽 越前
越中 播磨 左右等國損田百廿日不堪佃田百日和泉
尾張 参河 安房 能登 将後 石見 日向 大隅 薩摩
等國損田八十日不堪佃田六十日伊賀國損田五十
日不堪佃田卅日志摩國損田廿日不堪佃田廿日

日不堪佃田卅日志摩國損田廿日不堪佃田廿日
伊豆飛驒若狭佐渡隱岐等國損田六十日不堪
佃田卅日常陸越後伊豫肥後等國損田百卅
日不堪佃田百廿日陸奥國損田二百日不堪佃田
百六十日淡路國壹伎對馬嶋損田卅日不堪佃
田卅日其賑給疫死並准不堪佃田
弘民格云詐增損田數事
右賦役令云凡田有水旱蟲霜不熟之處
國司檢其録申官慶雲三年九月廿日勅凡

國司拔具録申官慶雲三年九月廿日勅凡
田有水旱蟲霜不熟之處免調庸者卌
九戸以下國司拔實處分五十戸以上申
太政官三百戸以上奏聞應申官者九月
卅日以前申送十月以後不須者然則事
須委細實録限内言上若涉不實罪焉
同上令云國解文注損万町遣使覆拾
五六千町或國解文只著損并得損町段
郡無注載或過期乃申巧稱路障或害

郡無注載或過期乃申巧稱路障或害
事他故至冬延申國司所請毎三懸勘
不得忽止猶裁使至于覆審不及言上
非唯詐欺上官兼亦責損諸次總是
不慎憲章庶致不實之弊也忘公潤
私間而有之殺患庵希而不圓
以前事條具件如前今被大納言正三位兼行
左近衛大將陸奥出按察使藤原朝臣冬嗣宣
奉　勅吏之道須致忠貞不實之事理須禁

挙　勅使之道須致忠貞不實之事理須發
覺宜准所詐奪其公廨田處法律以懲將來
又郡司是自申之職也國司則随申覆検之吏
也准其過不輕國司宜忽論罪之方自依恒
徴發物之事一同國司者諸國兼知依宜行
之其損田者限内之申若有縁實録須經日
者限内須申損状追申進實録帳若不進帳
不聴遣使但於遠國九月之損定知不堪限内
言上宜東海道坂東東山道北陸道神濟

言上直東海道坂東東山道北陸道神濟以北山陰道出雲以北山陽道安藝以西南海道土左等國太宰管内大隅薩摩日向多禰對馬等國嶋九月之内風水之損雖十月後行程之内時聽通計過程之外不聽判收
自今以後立為永例不得踈漏
弘仁十年五月廿一日
負民格云應依實言上損并不堪佃田疫死百姓賑給飢民及破損官舎堤坊等事

百姓賑給飢民及破損官舎堤坊等事
右案弘仁十年五月廿一日格偁國司申政
詐不以實奪其公廨西處法條又科懲郡
司一同國吏者頃年諸國司等不陳實數浪
致増加損後漸曠既忘科責被右大臣宣偁
奉勅朝家舊論敢在官長遷當請望重
命憂如今既擇良牧更加官使塵下如染
塵寔為煩置自今厥後官長親自巡検子
細檢定依實申送若所申過多稍渉疑殆

細拾定依實申送若所申過多猶渉疑殆
者事不獲已乃遣朝使々者覆勘或有乖
違唯其所詐論以前格但襲律斷罪事似
重酷須省其律只妥其罪凡厥犯解之後一
切不復叙用俾彼監臨之徒永絶榮進之望
其科史郡司亦復准俾此者但損田遺田言
上之期兼前程限事為從進宜不堪佃者八月
内申損田者預申損状十月内申其遠國九月
風水之損通計行程一依前格庶幾專城々

風水之損通計行程一依前格廣狭専城々
宰宣威難犯論道之官提綱易舉
仁壽四年十月一日
太政官符五畿内七道諸國司
應依實言上損并不堪佃田事
右靈龜三年五月十一日格偁准田令水旱蟲
霜不熟之處國司捡實具録申官今國司
捡覆之日或不遭水旱妄録損五失免倉亡
實或令得營種數加損田屢申官々帳良由

實式令得營種歟加損田庄中官之帳良由
國司不存撿校致有如此損失自今以後國郡宜
造苗簿曰各撿其庄造租帳時全取其實若不
加撿察致有隱欺准事條裁即解見任又仁壽
四年十月一日格偁弘仁十年五月廿一日格偁國司
申政詐不以實覆其公廨並處法除又科違
郡司一同國吏者頃年諸國司等不陳實數
浪致增加格後漸曠既忘科責被右大臣宣偁
奉　勅朝家舊論寂在官選當請望筆重

奉　勅朝家舊論竟在官選當請望牽重
分憂如今既擇良牧更加官使座下架座寘
為煩疊亘自今厥後官長親自巡省子細
撿定依實申送若所申過多積誘疑殆
者事不獲已乃遣朝使々々者亡度數或有乖
違准其所許論如前格但雇集俸科罪事
似重酷須省其俸只必其罪凡厥犯觧之後
一切不復叙用其科決郡司亦復准此者
律云郡内有旱澇霜雹蟲蝗爲宗之處主

律云郡内有旱澇霜雹蝗為宗之處主
司妄言者杖七十覆檢不以實者与同罪若
致枉有所徵免贓罪重於杖七十者坐贓論
罪止徒三年以枉徵之物入官者坐贓論入
私者以枉法論至死者加役流者諸國言上
損不堪佃田既不據其實檢之日勘造過多
而項年意令堪勘進之物都不行責之法
積習々漸敢作為宗是則格條所指其罪
已重忽不行之所致也右大臣宣奉　勅改尚

已重恐不行之所致也右大臣宣奉　勅改而
變通事有施張自今以後覆検之日為使被
勘返者計所申之田數為十分一分以下除入
已外特宥其罪令填其物若過此限者入官
入私依法科決若使覆検實者科罪如法
又疫死百姓賑給飢民及破損官舎堤坊寺
其十分之一者宥罪填物亦復准此自余之事
論如前格者諸國宜承知依宣行之符到奉行
參議右大弁従四位上兼行勘解由長官橘朝臣　右大史興佐伯宿祢

參議右大弁從四位上兼行勘解由長官橘朝臣　右大史兵位凡 宿祢

延喜十八年六月廿日

太政官符五畿内七道諸國司

應依先年符旨用發不堪佃田事

右太政官去延長五年十一月廿六日下諸國符偁

戸婚律云凡部内田疇荒蕪者以十分論一分笞

卅一分加一等罪止徒一年國郡各以官長爲首

佐職爲從者大同四年九月廿七日格偁案考

課令云國郡司勸課田農能使豊殖者唯見

課令云國郡司勸課田農能使豊殖去唯見
地為十分論加二分各考一等毎二分進一等注
云謂墾田之外別能墾發其有不加勸以致
損減者一分降一等者又勸課田農加六分則進
考三等亦居上中仁壽二年三月十三日格傳
右大臣宣奉　勅洪範八政食居第一然則王
政之要生民之本唯在務農項年諸國所申
之不堪佃田甚載居多是由國郡官司不勸
地利不重民命非所以選擇良吏委付黎元

地利不重民令非所以選擇良吏委付黎元
宜作下諸道令曉此情國郡司等親自巡覩
修固池堰催勸農桑力者褒而録之懈者皆
而黜之即有地不耕雖有其主而無力營者逮
以救急義倉等廩給之若有不足量借營料
勸令耕蒔莫使空曠秋收之日先納所借或有
其田无人可治宜以公力營種其所獲者令
納官倉如此者則廢田自開實廩可期者
今檢案内田畝焉蕪明立廢肅之法勸農之

令捨棄内田畝焉蓋明立殿最之法勸農之
誡詳載勸誘之旨國宰須令慎法條能加勸
誡而不催東作之勤頻申南畝之焉頃年之
間諸國言上不堪佃田其數倍多此則不使民
以時妨奪農勤之所致也吏之不良專乖朝
選不恪舊弊何期積實左大臣宣奉　勅
勸誡之旨條例已存宜令重加下知依件勤
行仍須前司之時言上之數後任之吏安以用
增又當任之間毎年墾加付帳言上若勸誘

増又當任之間每年墾加付帳言上若勸誘
有方多爲開發既勤功特加擧進若不勤墾
開猶致荒癈縦有他功不加褒擢者諸国兼
知依宣行之不得緩怠者今檢案内仁壽舊
章載勸誘於前延長新制重誡慎於後前
後勸誡偏已重而今諸國之無曾遵行或旅
増荒癈欲滿一郡或以加墾開僅及數頃
豈荷分憂之重　國之誅圖是則忘恥
辱於面上枝巧遁於心中者也吏吏不拔天時

辱於面上技巧通於心中者也吏不扱天時民無勤地利賤土随感倍多為天毎秋給乏今縱天降和氣年逢豊穰若錢耕私佃望収穫既勝勢奪語民之意誰謂之良二十石而大納言正三位兼行右近衛大将陸奥出羽按察使藤原朝臣仲平宣奉　勅宜重下知早勤行凡厥用田載別譜言上若慣常懈錢重致蓋無癈准擾免苻必加罰責但巡觀催勸之法一如仁壽之格者諸國承知依宣行

催勸之法一如仁壽之格者諸國承知依宣行
之符到奉行
承平元年十二月十日
右大弁源朝臣是茂傳宣右大臣宣奉　勅年來檢
諸國交替不堪佃田損田使等或稱身病或
陳親病經渉歲月無意早赴雖加催促猶
致懈怠尋其由緒不没憲法之所致也自今
以後諸司官人奉使之者依病不赴滿百二
十日任意逗留遷延無故不上之限者自准恒

十日任意逗留遷延無故不上之限者自准恒
典宜從解官但稱親病者捜情實量状免
之若所申不娗有其罔者殊處重科以懲
將來至于截任文章生病患顯然者以六十
日為程替期若事有矯詐臨拜官時三
年後乃許用亦陳親病者准有官法行之者
承平七年九月八日左大史尾張宿禰言鑒奉
勘申諸國言上不堪佃田過十分之一國司罪状事
合

合

伊勢國言上田使勘返千四百卅五町四段卅九歩過十
分之一四百八十一段二百十一歩

加署國司守従四位下橘朝臣惟風
少目正六位上河内忌寸良並
權少目従七位下尾張連忠連

右左大史海宿祢業恒作云大外記源朝臣廉
明傳宣左大臣宣奉　勅天慶九年諸國言上
不堪佃田使勘返過十分之一十四箇國之享

不堪佃田使勘返過十分之一十四箇國之宰
所當之罪宜令明法博士壽任勘定文勘申
者謹撿太政官去延喜十八年六月廿日下五畿
内七道諸國符云〻律云部内有旱澇霜雹
蟲蝗為害之處至司妄言者杖七十覆撿
不以實者与同罪若致枉有所徴免贓重
者坐贓論注云計所枉徴免贓罪重於杖七
十者坐贓論罪止徒三年以枉徴之物入官
者坐贓論入己者以枉法論至死者加役流而

者坐贓論入私者以枉法論至死者加役流而
諸國言上損并不堪佃田既不覈其實覆撿
之日勘過過多而項年當令塡勘過之物數
不行科責之法積習之漸欺詐爲宗是則格
條所指其罪已重忽而不行之所之所致也右大
臣宣奉　勅政向變通事有施自今以後覆撿
之日爲使被勘過者計所申之田數爲十分
一分以下除入已外特宥其罪令塡其物若
過此者入官入私法科決雜律云坐贓致罪

過此者入官入枉法科文雜律云坐贓致罪
者一尺笞十一端加一等十二端徒一年十二
端加一等罪止徒三年職制律云監臨之
官受財而枉法者一尺杖八十二端加一等卅
端絞名例律云稱以枉法論之類皆与真
犯同條云稱加役流者配遠處役三年又
條云五位以上犯流罪以下贖一等監守内
受財枉法者不用此律又條云七位以上流罪
以下各從贖一等之例又條云應議請贖及八

以下各従減一等之例又條云應議請減及八
位以上犯流罪以下聽贖若應以官當者自
従官當法其加役流不得減贖除名配流
如法又條云犯私罪以官當徒者五位以上
一官當徒二年八位以上以一官當徒一年仍
各解見任又條云以官當徒者罪輕不盡其
官留官收贖官少不盡其罪餘罪收贖又
條云監臨主守於監守犯盗若受財而枉法
者除名注云盗三端枉法一端又云獄成會

者除名注云盗三端枉法一端又云獄成會
赦者免所居官又條云共犯罪者以造意為
首随從者減一等又條云從坐減又以議請
減之類得重減又條云二死三流各同為一減
断獄律云常赦所不免者依常律注云常
赦所不免謂雖會大赦猶處死及流若除
名免所居官去天暦元年九月五日詔書云
今日昧爽已前大辟以下罪无輕重悉皆赦除
但犯八虐故殺謀殺私鑄錢強竊二盗常赦

但犯八虐故殺謀殺私鑄錢強竊二盜常赦
所不免者不在此限者檢此等文至于勘返
田租入官入私罪有輕重須長官爲首任用
爲從科決其罪若入官者依坐贓可論若入
私者以枉法可論而檢下給勘文云件國不
弁入官之由仍使等令進過状者件國司所
犯雖引其罪状所當之罪不能結斷
以前罪状勘申如件

天暦二年六月廿三日從五位上守大判事兼行民部少輔明法博士惟宗朝臣公方

天暦二年六月廿三日従五位上守大判事兼行民部大輔明法博士惟宗朝臣公方

十六箇國々宰罪状其文極多仍載第一條不敢餘條

勘申伊勢但馬備後伊豫等國司言上不堪佃田過十分之一罪状事

合

伊勢國言上田使勘過千四百卅五町四段卅九歩過十分

之一四百八十町一段二百十二歩

加署國司守従四位下橘朝臣惟風

少目正六位上河内忌寸良並

權少目従七位下尾張連忠連

權少目從七位下尾張連忠連

右右大史海宿祢業恒仰云大弁源朝臣庶明
傳宣右大臣宣奉　勅天慶九年件國々言上
不堪佃田使勘返過十分之一而至于祖穀不
辨入官入秡之由仍件國司等罪狀明法博
士先日勘申狀雜引罪條不由結斷令使等
祖穀在民身之由進申文已了宜任件申文
令勘申所當之罪者謹検太政官去延喜十
八年六月廿日下五畿七道諸國之符偁云々律

八年六月廿日下五畿七道諸國之符偁云々律
云郡内有旱澇霜蟲蝗爲害之處主司妄
言者杖七十覆檢不以實者与同罪若致、枉
有所徵免贓重者坐贓論注云計所枉徵免
贓罪重於杖七十者坐贓論罪止徒三年以
枉徵之物入官者坐贓入私者以枉法論至
死者加役流而諸國言上損并不堪佃田既
不據其實覆檢之日勘返過多頃年啻
令填返之物勘々不行科責之法積習之漸

令填返之物都不行科責之法積習之漸
欺詐爲宗是則格條所指其已重恩而不行
之所致也右大臣宣奉　勅改尚變通事有
施張自今以後覆檢之日爲使被勘返者計
所申之田數爲十分一分以下除入已外持
省其罪令填其物若過此者入官入私依
法科決雜律云坐贓致罪者一尺笞十一端
加一等十二端徒一年十二端加一等罪止徒
三年職制律云監臨之官受財而枉法者

三年職制律云監臨之官受財而枉法者
一尺杖八十二端加一等卅端絞名例律云稱
以枉法論之類皆与真犯同文條云稱加役
流者配遠處役三年文條云五位以上犯流
罪以下減一等監守内受財枉法者不用
此律文條云七位以上犯流罪以下各從減
一等之例文條云應議請減及八位以上犯流
罪以下聽贖若應以官當法其加役流不得
減贖除名配流如法文條云犯私罪以官當

減贖除名配流如法文條云犯私罪以官當
徒者五位以上以一官當徒二年八位以上以
一官當徒一年仍各解見任文條云以官當
徒者罪輕不盡其官留官收贖官少不
盡其罪餘罪收贖文條云監臨主守於監
守犯盜若受財而枉法者除名注云盜三
端枉法一端文云獄成會赦者免所居官文
條云共犯罪者以造意為首隨從者減一等
文條云從坐減文以議請減之類得重減文

又條云從坐贓又以議請減之類得重贓文
條云二死三流各同爲一贓斷獄律云常赦
所不免者依常律注云常赦所不免謂雖
會大赦猶處死及流若除名免所居官去
天暦元年九月五日詔書云今日昧爽以前
大辟以下罪無輕重盡皆赦除但犯八虐
故殺謀殺私鑄錢強竊二盜常赦所不免者
不存此限者使少監物源長壽所進申文
勘返田租穀國司申云在民身未勘濟者依

勘返田租穀國司申云在民身未勘消者依
實注申如件者件勘返田租穀不見入已之
由方今所過十分之一四百八十町一段二百十
一歩准犯依律長官為首可處坐贓徒三年
身帯四位請減一等徒二年半以四位一官
合徴贖銅十斤目二人為從減一等徒二年
半帯六位或帯七位亦例減一等徒二年
並以位二階當徒二年可解見任而件罪
適逢恩詔前後共可赦原但至于租穀全

適逢恩詔首従共可赦原但至于租穀全
可填納下條々亦同
以前国々司等罪状勘申如件
天暦二年十二月二日従五位上守大判事兼行明法博士惟宗朝臣
件勘文雑載国々事具此條仍不敢他條
延喜格云詔陶均廣類奉資覆載之功司牧
黎元實頼皇王之化故枯晴在容大舜之憂
勞弥切駢胝成痛伯禹之利道既謀伏惟先
帝陛下敬授人時欽若天道循五紀之宜

帝陛下致授人時欽若天道循五紀之宜
考六官之化將令陰陽無爽災變不生積
紅腐於京坻盈蒼生於富壽然而數鍾恒
會惺歸寘朔須古震動晏嬰雖儉其皇
甚既遭懷襄仵堯猶艱其昏墊去年七
月卅日坤德失靜地震成災八月廿日亦有
大風洪水之旅前後遭重害者卌有餘國
或海水泛溢人民攺魚鼈之國或邑野陷
沒廬宇變蛟龍之家呼嗟指澤之功未

沒廝宇變蛟龍之家呼嗟指澤之功未
成象耕之期奄至顧念遑暇誠軫中懷
朕天以薄德丕承洪基內纏陵姑之慟外惕
臨谷之危重今月八日信濃國山頹河溢唐
突六郡城廬拂地而漂流戶口隨波而沒
溺百姓何事頻罹此禍徒哀沉首之歎宜
降援手之恩故分遣使者就存慰撫宜詳
加實覈勤施優恤其被災尤甚者勿輸
今年租調所在開倉賑貸給其生業若

令年租調所在開倉賑貸給其生業若
有屍骸未斂者官為埋葬播此洪澤之美
協朕納隍之心主者施行

仁和四年五月廿八日

例損戸率事

主税寮式云諸家封租若當不三得七之年
戸別所輸不滿卌束率載者通以他郷塡
之若損三分及神寺封租不在此限此条又在封戸租調部

太政官符

同事別又在交替損戸交易部主計式

太政官符

應例損戸課戸与丁同率事　同率月又在交替損戸文易部主計式

右造式所起請偁、太政官天長十年十月十日符偁、得民部省解偁、主計寮解偁、取大帳口率之戸、載或國戸別二三丁、或國戸別三四丁、頃年撿損田使帳、七分已上、或五六百烟、或三四烟以下率戸爲當、五六人至于得戸、僅二三丁、兼前依使勘定不爲勘出其多丁之戸、定以遭損少課之烟、必爲得

其多丁之戸定以遭損少課之烟爲得
戸通計之率埋不可然望請自今以後損得
戸丁彼此同率若違率剰免勘返爲致者
右大臣宣依請者承和十三年四月廿六日
符偁駿河國解偁主計寮勘出偁國内課
丁与戸数相折戸別當一二丁而免二丁已上
免調庸仍勘出者覆被勘返并損戸帳
或戸一二丁或戸五六丁相雜而寮全立一二
丁率所餘悉爲致物請依實被免除者民

丁率所餘悉為雜物請依實被免除者民
煩者左大臣宣例損戸隨國大少持制免格
率課丁數不可相折雜例損戸裡必可有少
丁戸專以多丁戸申損戸者裡不可然今須
加申少丁者丁不論多少隨申原免諸國亦
齊衡三年六月十日宣旨云〻仁壽二年九月
廿日宣旨偁依弘仁七年十一月四日格有七
分已上戸者大國卅九〻戸已下國司勘定免
除而天長十年十月十日格云〻戸十被此

除而天長十年十月十日格云戸丁彼此
同率若違率剰免勘出為徴者所司依此
勘出不許所勘雖有道而非格所指卅九戸
已下損戸者依国申勘之更物累者其一
戸課丁多少並定須更立法制以決疑滞
然漏而不録宜一戸者以五六丁已下勘之
過此免除勘出為徴者至彼寮頃年所行
之例或国二三丁或国五六丁随古来所率
数為永年勘定之率其新所加増勘出為

數爲永年勘定率其新所加増勘出爲
致勘定參差事非平均伏望一准天長十
年符損戸課丁与得戸丁同率免之然則
於公有益於國無愁
貞觀十二年十二月廿五日

損戸交易事　損戸法付也

貞民格云
應交易申損諸國調庸雑物事
右太政官去天長九年十二月三日下民部省符

右太政官去天長九年二月三日下民部省符
偁被大納言正三位兼行右近衛大將民部
卿清原眞人夏野宣偁奉　勅承前當干
諸國有損之年所宛當除調庸雜物之
代作此國令交易因茲未進猥積用途難
支於事商量理不可然自今以後宜須令
當國依朝使勘定帳交易弁備者恐交
易過時事是難濟宜早仰當國推量損
戸預令交易

戸須令交易

承和六年十月九日

主税式云疫死并流死百姓口分田未班之間
授其地子便充價直随色交易備進其調
庸并中男作物等但輸庸米者其新舂米
進之

太政官符民部省

應以疫死并流死百姓口分田地子稲充價直令交易進調庸中男作物等事

右得彼省去八月廿一日解偁主計寮今月十七日

右得彼省去八月廿一日解偁主計寮今月廿七日
解偁謹検案内諸國疫死百姓随省符下
下課丁一分不課二分永以除帳無補其替
丁既除帳貢賦随損唯以彼口分田地子混
正税亦有式例今案物意或国混正税之後
未經幾年及班田期即給口分国司偏見
田数只徒加增男女凡非有戸口增益輙不
可過給口分况忽言上疫死以往希閑而年
来諸国連年申請相類乃貢賦耗莫不據

来諸国連年申請相類乃貢減耗莫不據
此又流疫二死異名同實而疫死分法式
偏是存至于流死未有所見望請省裁唯
疫死課丁一分不課二分同被免除仍以件
等口分田地子更不混正税便充其直将令交
易調中男作物等然則雖無本丁輸物自
備仍副損析勘文請省裁者省依解状謹
請官裁者右大臣宣奉　勅依請者省宜承知
依宣行之符到奉行

依宣行之符到奉行

延長三年十二月十四日

太政官符民部省

雑事二條

一應唯疫死以滿六年除帳百姓當地令交易其調庸事

右得彼省五月十六日解偁主計寮去年八月十日解偁謹撿案内諸除帳百姓逃亡之年蠲課免役照而相折例損令補其代六年之後載除帳即號識損無補其替

代六年之後數除帳即等議損無補其替
永以免除其調物是依式文所勘也
而国注一二百入或国載五六十人毎至七
年咸以除棄如此々漸課丁減析乃
貢之物遂年損耗爰除帳之年注其丁
數依式移主税寮以口分田為地子田並
則所損調物多爾年輸望請准疫死
等例以彼口分田地子稲令交易其所當
調物但至于浪人無口分田頃准除數令

調物但至于浪人無口分田須准除載令
填其替者従三位守大納言兼行中宮大
夫藤原朝臣師輔宣奉　勅依請者
以前條事如件者宜承知依宣行之符到奉行
左少弁藤原朝臣　右大史尾宿祢
天慶五年十二月廿九日
主計式云諸國申損田并損戸課丁彼此同率
例損戸亦准此
太政官符　民部省

太政官符　民部省

應令諸國言上損戸法事

右得彼省去九月十五日解偁主税寮今

年三月十三日解偁謹検令條凡田有水旱

蟲霜不熟之處國司検實具録申官十分

損五分以上免租調八分以上課役倶免者今

検諸國言上年々損田目録帳或国注八分

損戸二千六百九十八烟七分戸千七十六烟

五分以上戸三百廿七烟或国注八万戸千四

五分以上戸三百廿七烟或国注八万戸千四百九十一烟七分戸四百八十九烟五分戸百七十一烟或国注七分戸不注五分戸爰公家或年言上之数既以免除或年遣使勘定或年停遣使被勘進半分若三分之一並立准勘本数猶多公損仍尋検事情言上損田何必七八分戸可少五分已上而毎有損少五分以上戸如是之漸諸国調庸追年減少朝家支用臨事闕乏寔無准的之所致也望請

交用臨事闕乏寔無准的之所致也望請
家分諸國若申損戸惣其數三分論之七
分以上一分五分以上戸二分以爲定例將令
言上若過此限者申返其帳然則國司永守
言上之法所司全存公益之政仍録事状請
官裁者依解謹請官裁者右大臣宣奉　勅
依請者省宜承知依宣行之符到奉行
延長四年十二月五日

定戸等第事　定戸等第隨事異法仍爲見分別
司其條々具注于右

定戸等第事　定戸等第随事異法仍為見分別司其條々具注于左

戸令義倉條云皆取戸粟以為義倉上々戸二石上戸一石六斗上下戸一石二斗中上戸一石中々戸八斗中下戸六斗下上戸四斗下中戸二斗下々戸一斗

釋云戸主獨所出又戸品依戸主一人定耳

古記云定九等計資財定耳古記云定九等計資財定耳奴婢唯直臨時處分耳

具見義倉部

具見義倉部
民部式云封戸以正丁四人中男一人爲一戸率祖毎
戸以卌束爲限毎郷滿課口二百人中男五十人
祖稲二千束若不滿此數通計國内令塡
封戸之品其法如此具見封戸祖調部
田令桑漆條云課桑漆上戸桑三百根漆
一百根以上中戸桑二百根漆七十根以上下
戸桑一百根漆卅根以上義觧云凡戸上中
下者計口多少臨時量定其陳條稱上々戸

下者計口多少臨時量定其除條稱上〻戸
中〻等亦准此例也
如此條義解者義倉條戸品忽似依口多
少可定也然而彼條計資財定之此條依
戸口定之雖稱一同之由未知各別之理難可
會尺依文習耳　此条在交替雜部
賦役令云有水旱蟲霜不熟之處國司檢
實具録申官十分損五分以上免租損七分
免租調八分以上課役倶免

免祖調八分以上課役俱免
讃云一戸内七分專損三人分全得者祖調十人但免庸不免之類也　釋云復依不三得七分之舊例是也今案此法以口分論此条在損不堪佃田部具可見彼部
損戸文易部有令諸國具言上損戸法官府其状云八分損戸云々七分戸五分以上戸云々者件種分之戸文以上連水旱條可知之
厩牧令云諸道置驛馬大路廿疋云々每馬各

厩牧令云諸道置驛馬大路廿疋云々毎馬各令中〻戸養飼
讀者云凡一戸令養一疋照則戸貟大略廿戸中〻戸課不論丁多少又云中下〻戸不令飼也私案不論丁多少者若以義倉條計資財定歟凡厩中〻可依彼條乎

雑事　賑給在別記

儀制令云國郡皆造五行器謂依其所用得五行名假令鍬鉏爲土器火爐爲火器斧鑿爲木器鉗鑷爲金器盆桶爲水器之類有事則用之並用官物

斧鑿爲木器鉗鑷爲金器
盆桶爲水器之類　有事則用之並用官物

勘解由使勘判抄

一五行調度

隱伎　前司吉備忠常　使有仁

常赦判云不備儲怠前司會赦須見任相兼以償

造備莫拘前司

延喜十六年　判

下野　使方向

非常赦判云件五行器无實事在　是前須見任相

非常赦判云件至行器无實事在 恩前須見任相
兼以修儲備
兼年四年判
公式令云諸國給鈴者謂其題載者依式家分也大宰府廿口謂管
内諸國各国別皆給也三關及陸奥國各四口大上国三口中下国
二口其三關國各給關契謂其作契之刑制者須有別式即下條随身符亦准此也
二枚並長官執無次官執謂有鈴与契是以稱並其長官次官並不在者主典以上
亦得執章選叙令云在官身死謂主典以上其雜任亦准此也及解免者謂此
云解免猶云解去即喪解病解等之類皆惣為解免其國紀
解免者断罪言上仍待府報乃合解官不可更言上凡解免

云解免猶云解去即喪解病解等之類皆惣為解免其國犯
解免者断罪言上仍待府報乃合解官不可更言上凡解免
者或為一事或為二事随事成義不必一例也皆即言上其国司大上国介
以上中国掾以上並闕及下国守闕者皆馳驛
申太政官若大宰帥及三関国壹伎對馬
守雖獨闕猶従馳驛例其待報之間大宰遣
判事以上官人權攝謂判事以上者監典其權攝連署之法唯此司為判任歟
馳驛
差遣
貞雑格云　應速言上国司并史生等服解死闕事
右選叙令云凡在官身死及解免者皆即言上

右選叙令云凡在官身死及解免者皆即言上
實是速申之義也而在外官司滞其申解
或輙与其身或僅附便人經年渉月乃到
官家因茲解闕替人選補失時右大臣宣
自作諸国闕後五日之内專遣脚晛申官
若有違犯随状科處其條馳驛之色目依
前例

嘉祥元年十二月十三日

戸令云遭水旱灾蝗（灾蝗者釋見考課令也）不熟之處少粮

戸令云遭水旱灾蝗〈灾蝗者釋見考課令也〉不熟之處少粮應須賑給者〈謂贍也賦役令亦有此類彼為課役此為賑給〉國郡捡實預申

太政官奏

考謂令殊功異行條集解云釋云左傳天反又曰天火為灾音祖才反蝗音胡盲反蒼頡食苗之蟲也當條集解又云賑給尓雅賑富也陸法言切韻賑贍也音識刃反

奏聞謂一里以上欲為當通計諸郡一里以上

欲穴云一里者雖通計數所一里以上同郷

狄先云、一里者雖通計数所一里以上同郷
人口分者可奏聞又雖相交他郷人田損一
所一日以上者亦同或同少粮者皆為限
呑一里以上賑給義見年中分事京中賑給部
太政官或云諸国申應賑給百姓者具注歴名言上
不得直申其状
又云遣賑給使奏國解訖即作式部二日之内進
擬使文同日辨官條府請下訖五日内使者發
去若致闕怠者尋情勘當臨時緣怠之使忽

去若致闕怠者尋情勘當臨時緣急之使亦
同弘民据云應国司申政詐不以實奪其公
廨事
一詐增賑給飢民數事
右戸令云凡遭水旱災蝗不熟之家少粮應
賑給者国郡檢實預申太政官奏聞詐偽
律云詐官私取物者准盜論注云監主詐取
自依盜法有官者除名倍贓如法未得者
減二等者然即言上之日須録其實不實

減二等者然即言上之日須録其實不實
之罪律文明白太令諸国所申賑給遭霰
拾与實既違假令國司所申飢民十万
使去實録只此五万若不摘實五万既隠
国之為例既而有之甚受委之須守朝章
贓賄之毀庸人所恥金科既備玉條照明
此而不糺何得粛清
以前事條具件如前今被大納言正三位兼行
右近衛大將陸奥出羽按察使藤原朝臣冬嗣

宣

右近衛大將陸奥出羽按察使藤原朝臣冬嗣
偁奉　勅爲吏之道須致忠貞不實之事理
須懲革宜准所詐奪其公廨更處法律
以懲將來又郡司是國勘由之職也國司則随
申覆檢之吏也准量其過不輕國司宜忽論
罪之方自依恒條懲物之事一同司者諸承
知依宣行之
弘仁十年五月廿一日
負臨搭〻應賑給法依例事

貞臨格云應賑給法依例事
右檢案内太政官去六月三日下五畿内七道
諸國符偁賑給飢民之新稻大國十万束
上國八万束中國六万束下國四万束者右大臣
宣雖隨國大小下知彼新而賑給之法非無恒
例宜給大男三束中男大女二束小男小女一束若
口小稻剩者實録言上人多稻少者只盡符内
天長十年七月六日
左大弁大江朝臣朝綱傳宣左大臣宣賑給之法

左大弁大江朝臣朝綱傳宣左大臣宣賑給之法
古今不同天長十年七月六日格云賑給料稲大
国十万束上国八万束中国六万束下国四万束而
天安以後延喜以往依国申請随時増減延長
二年九月廿二日官苻傳賑給之事待使可行
之状下知先了且遣使五畿内及近江丹波等
國實班給之日其用稲尤多者近江二万束折
中之法准量可知仍須大国二万束已下上中
下国降殺之法准天長十年七月六日格逓爲

下国降叙之法准天長十年七月六日格通爲
等差依實勘定者然猶諸國申請之數多
少任意公家裁定之日准的難取論之政途
似無定法宜依延長二年例大国二万束已下
上中下国降降叙合行一如先符自今以後立
爲恒例者
天暦七年七月五日　大史阿蘇宿祢廣遠奉
孝經諫争章云昔者天子有争臣七人諸侯有
争臣五人大夫有争臣三人注云自上以下降殺

争臣五人大夫有争臣三人注云自上以下降殺
以兩述議云自下而上稍增以二人從上而下則如
礼降殺故挙七五三耳玉殺音所駐及周礼鄭
玄曰殺死女又曰殺猶減也殺字書為殺字也
切殺音所拜反害又所八反所謂降殺之義既
是減二之法也以彼天長格大国十万束上中下
国遞減二万今又天暦制大国二万束者上中下
国准而可知
勘解由使勘判抄

勘解由使勘判抄

一賑給事

和泉　前司藤文林

無赦云、件賑給稲若干、執状之旨、事似規避賑給之法、随国有例、輙過例法、忽同入己、須見任領前司所塡差分、其遺者令前司同任未塡差分吏及和許郡司塡償、並補上條交替欠　康平六年判

石見　前司藤望見

常赦判云、如勘執状、以不動穀所充給、尤在可

常赦判云如勘執状以不動穀所充給尤在可
責而前司寧去同任會赦須見任相兼以彼
本科後年正稅早以糙備并納本倉但若過
給法者忽會恩詔須從勘免 承平七年
駿河 前司惟原峯見
又云新司勘云須以正稅穀賑給而以別納穀
立用又恩詔之旨為不能自存者也而便補古
年所負也者如前司執状者連年疫癘百姓
沉所負仍切給彼色者濟民之術無擁宜須

沉所負仍切給彼色者諸民之術無擁直須
見任依實宛　延喜二年判
加刑格云禁制國司任意造館事
右太政官去四月廿六日下五畿内諸國符偁撿
天平十年五月廿八日格偁國司任意改造館舎
儻有一人病死諱惡不肯居住自今以後不得
除載國圖進上之輙擅移造但隨壊脩理耳
者而諸國之吏有假行或妄稱祟咎避遷去
定或輙隨意頓改造弥繁百姓勞擾莫不

定或輙随意頗改造旅繁百姓勞擾莫不
由此今被右大臣宣偁奉　勅宜更下知令慎
将来自今以後国司之館附官舎帳毎年令
進随破修理一依旧構若有廢其本館更
営他所及增損屋宇令致民患者科違勅罪
官僚知而不糺並与同罪
弘仁五年六月廿三日
雜令云国内有出銅鐵處官未採者聽百姓
私採謂文云官未採即官採之後百姓不可私採若銅鐵折充庸調者聽

私採（謂文云官未採民官採之後百姓不可私採）若銅鐵所充庸調者聽
自餘非禁處者山川藪澤之利公私共也
又云知山澤有異寶異木（謂異寶者馬腦虎魄之類也異木者沉香白檀蘓芳之類也）
金玉銀綵色雜物（謂異寶異木之外諸應充国用者皆是）處堪供国用者
皆申太政官奏聞
負民格云應收之食在路飢病無由達鄉并不能
自存百姓等事右存恤之事載在令條國郡
官司理須遵行而收養醫療未聞其事大
納言正三位兼行右近衛大將陸奧出羽按察使

納言正三位兼行右近衛大將陸奧出羽按察使
藤原朝臣冬嗣宣奉　勅喣育之道遲不可違
法之吏深令科責宜更下知勤使贍養勿令
彼黎民徒致非命其新量用正税者其年中
所用正税大國五百束以下上國四百束以下中
國二百以下々國百束以下即國郡官司難加訪
察若乖符旨存活失所爲他見告依法科罪
吏專當國郡司名及所存濟々人數附朝集使
所用正税附税帳使並作別卷毎年言上但

所用正税附税帳使並作別巻毎年言上但
不能自存之輩一依令條行之不得違法犯
用正税

弘仁十一年五月四日

貢雑掿云應捜勘言上兆驛工事

右撿案内太政官去弘仁五年五月廿一日下左
右京五畿内七道諸國符偁得兆驛國解偁
貢上丁逓毎事有載事畢之日規避課役
庸作他郷積年忘歸未役不絶國郡陥罪加

庸作他郷積年忘帰未役不絶国郡陥罪加
以遺留之輩捐代奉公不堪其苦逃去者多遂
使父子不保夫婦別處邑里為墟道路希通
望請下知天下勘責令言者右大臣宣容上逃
人律條立罪飛驛之民言語容貌既異他国
雜變姓名理無可疑然則留住之輩尤在所由
宜重下知搜勘令言若有容隠者国郡官司准
太政官去延暦十三年符科違　勅罪郷長隣
長保忽准此科之雇役之家處杖一百計自来

長保爲唯此科之雇役之家處杖一百計自来
日一人之功日別徴錢一百文令送彼後家永
爲恒例以絶姧源者職国兼知毎年附朝集
使言上者從二位新大納言兼皇太子傅藤原
朝臣三守宣下知之後曾無言上職国之司不
填符旨遂致此怠宜嚴下知撿勘令言如猶
不悛一准前符科違勅罪

承和元年四月廿五日

田令云課桑漆上云戸桑三百根漆一百根以上同令園地条給園地者隨地多少均給義解云殖桑漆者必其園地故也凡戸上中下者

田令云、課桑漆上戸桑三百根漆一百根以上同令園地条給園地者随地多少均給義解云殖桑漆者必於園地故也凡戸上中下者計日多少臨時量定其餘條稱上上戸等亦准此例也中戸桑二百根漆七十根以上下戸桑一百根漆卌根以上五年種畢謂新別為戸者亦依此限其桑漆者皆於園地種若无園地者不在課限也郷土不宜及狭郷者不必滿數

主計式云、桑漆率戸數有欠者返其帳令殖

填加民据云、一漆菓事

右件条太政官今年同六月八日下五畿内七道諸国符偁漆菓之樹觸用無切事須蕃茂

諸国荷傳漆菓之樹觸用忽切事須蕃茂
並勿代損其菓實者復宜相共者夫桑漆二
色依例栽朝集帳一戸三百根已上宜任戸
内若有剰餘忽相共之但宅邊例進元未加
切栽栗爲林者准上條量貴賤許之務從折
中大同元年八月廿五日四箇条中第四条也第一祖墓栽樹爲林条右状云量主貴賤五町已下作差許之者此条穡准上条則此文也
又云應七道諸国催植桑漆事
右東海道觀察使從三位行式部卿藤原朝臣

右東海道觀察使從三位行式部卿藤原朝臣
葛野麻呂奏偁桑漆之課具載令條易生勝
乃成林至于採用公私由々並國郡司不督催植
既致闕乏謹案天平二年五月十八日格偁諸国
所進桑漆等帳式因循舊案但改年記式虚作
増減与實不同自今以後嚴加提撕依令植満毎
年巡撿實録申之加違使勘會与實不同者
國司必加貶責郡司解却見任自今以後永爲
恒例者並猶積習生常狎法無授望請下知

恒例者並猶積習生常狎法無授望請下知
當交替若付分不填數者拘留解由以致不
填其贓責解任一依先格者右大臣宣奉　勅
依奏自餘諸道亦同准此　大同二年正月廿日

太政官符　應催植桑漆事
右去大同二年正月廿日格偁云々者如聞諸國
宜進其帳無植其實此格已久緩怠々漸須
同格外責以懲將來並而積習稍久年來雜
故遣唐大使中納言從三位兼行民部卿春

改遣唐大使中納言従三位兼行民部卿春
宮権大夫侍従菅原朝臣道真宣奉　勅
重下知勤催植者諸国承知依宣行之仍須
業々与諸随戸上下依令植埴巡省實録明年
々内言上其由若不填符旨重致緩怠責必先
格曽不寛宥

寛平九年五月廿六日

左弁官　下左右京職

應令京内庶人以上播殖菓樹事

應令京内庶人以上播殖桑樹事

右左大臣宣生民要業織紝為元家給人足誠歸此道而近代民俗不勤栽桑養蠶已乏唯受苦寒因斯播殖之状下知諸國既了宜作京内同令種樹者両職承知依宣行〻仍須每條條亦並作保長率勵所部令致豐殖官人巡撿裁如勸課違使實若有懈隨科責保長並罪職吏事擾濟民不可違失

違失

康平五年五月一日　大史尾馬省祢

右大弁紀朝臣

應加嚴制令殖菓樹事　下京職宣旨

右〻大史御立維宗仰云右大弁藤原朝臣

有相傳宣右大臣宣奉　勅可令勞殖菓樹〻

状去康平四年五月一日下知左右京職已了

而今年來種樹〻間無其代損之愁不絶是

則諸司諸院官家社寺或妄稱公家〻用

則諸司諸院宮家仕丁等或妄稱公家之用
或偏假權勢之威不斫以木口尤家我所致也
職吏如忘朝章保長不加督察積習成俗此
責何歸宜重仰左右京職檢非違使等禁制
代用令勤豐値若有乖制旨猶切取者每司
言告禁身勘決者

天曆六年五月十五日

勘解由使判抄

一案牒事　元慶

一菓漆事　元実

大同二年正月廿日格云應七道諸国備殖菓漆事

筑後　紀宗守

元敍判云須前司同任及見任相共殖漆待了放還　貞観十三年判

越前　前司茂遠成

非常敍判云不合殖怠雖在可責前司去任依格

入京須後司相兼早令備殖

兼年四年判

越後　前司清原樹蔭

越後　前司清原樹蔭

常赦判云不令傳領之惡事經赦須令後司相承依格値滿莫物前司

承平七年判

彈式云凡禁斷刈大小麥苗爲馬草賣買并乘來

木鞍橋　此條文在雜田部

貞臨格云應勸督　農事

右被右大臣宣偁奉　勅洪範八政食居其一又殖

貨志云國無粟而所自古未々聞也則王政々

貨志云國無粟而所自古未之聞此則王政之
要生民之本唯在務農頃年諸國所申之
不堪佃其數居多是由國郡官司不勤地利不
重民命其非所以選擇良吏委付黎元允
治田勸謹則畝益三斗不勸則損亦如之其種
而不勸所損尚此況廢而不耕其費更甚一畝
之田可食一戸一畝不耕一戸受飢既多不耕之
地何少受飢之人古者州郡官長春必行田
若不耕課而日之權者公私半之是人重地利

若不耕課而日之權者公私半之是人重地利
之意宜作下諸道令曉此情国郡司等親目
巡觀促固池堰催耕農力者而録之辟者督
而趣之即有地不耕雖有其主而無力營者
以救急義倉等稟給之若有所〻〻勤
令耕蒔莫使空費秋收之先納所債或有
田無人可治者召以公力營種其所權者全納官
倉如此者則廢田自開實廩可期者褒慇
懃人念濃爲憂誰分憂国寧之課宜致心力

懃念濃爲憂誰分憂国宰々課宜致心力
以副朝望
雑式云天下々親勤農業貯積雑穀揆済孤
獨户口増長吏婦和順名用得里親隣損識
者長官歴門前審的知虚實具録姓名并
紀附便使申送官

政事要略巻第六十

政事要略巻第六十

巻六十九　糾弾雑事九

政事要略
首尾闕
巻第六十九

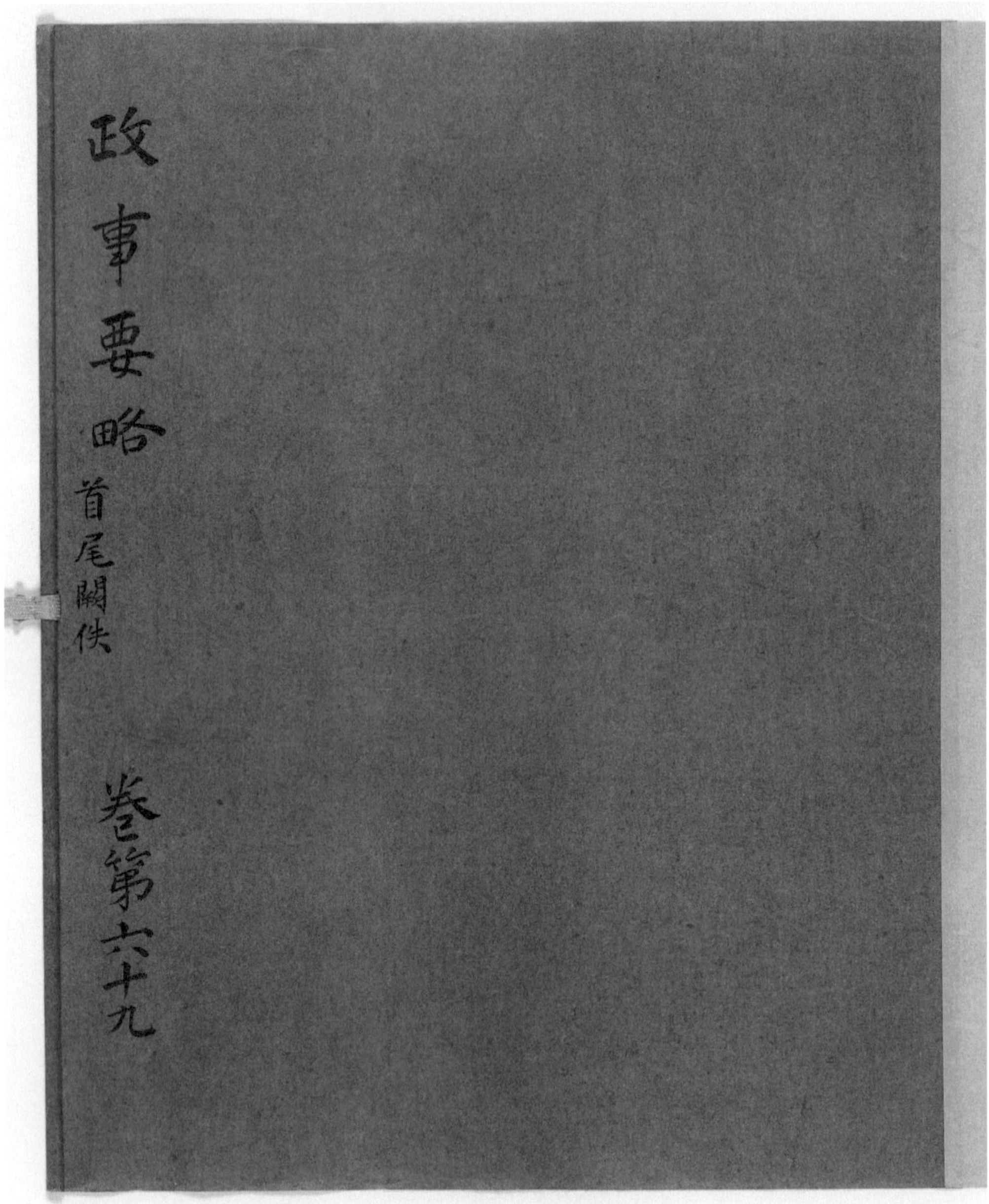
政事要略
首尾闕佚
巻第六十九

禁止至彼正君臣上下之分雖誠無
貴賤之別嚴而必恐　古之事也知而
不行者當今之討也偷存此二曰莫尚其言
又或人云可受致敬之人乗車可致敬之人
乗馬不知乗車之容不致下馬之礼此
人有罪哉否者諸成犯過皆別故失但
下内外官人有恃其位蔑故違憲法宗

下内外官人有恃其位蔑故違憲法宜
只有故之罪已無失之罪失犯罪无
之時或立挙重明軽之条或設比附回准
之文不知車中之人尤無意外之失挙彼
法此以失難責於王卿已上見車可知若
棄凡庶之車又無呵叱之音令人認誤之
咎也忽及凌轢者非也

咎也忽及凌轢者非也
又云下馬之礼以条為程式云在朝堂逢見
親王及太政大臣並趨座者以見其人
為其遥至于下馬之礼宜依見得之征
又云行路巷術　謂行路者道路也巷術者里中小道也
賤避貴少避老
軽避重　謂従老軽而少重猶且須避老此依同儕之人如有貴賤者〻同也並少性重令從賤貴之文
又云内外官人　謂在典以上其當上既牽重者必亦无疑也〻〻〻
有恃其位

（2）

又云内外官人　謂五典以上其當上既牽重者決亦无疑也ここ　有特其位

蔭故違憲法者　謂位蔭者謂帶官位及父祖之蔭也故違憲法者故不可馬及共礼節

之類即於本司犯量也若　以下及勲七等以下宜聽量

任外犯者自依贖法

情決笞　謂杖罪以下量其〻収贖亦笞若徒以律科斷既云量情決笞即知或全決其罪或量

贖其科若其贖決者亦不須依從贖之法唯上量贖其一二

等若依贖法者即爲贖用任蔭故也

若長官无聽次官應致敬者決　謂本司五位以上長官下文云聽次官應

致敬者決又依上条五位以上受致敬礼並則　是致敬者長

官於五位以上須知但長官者稚在人不應致敬仍得決之次

致敬者次又依上条五位以上受致敬礼並則　是致敬者長
官於五位以上須知但長官者雖在人不應致敬仍得次之次
官者「非人不應致敬者不得復次是　其諸司判官以上
則長官次官之殊別
及判事弾正巡察内舎人　謂其監物者奉軽明大事亦不可次也
學諸博士文學等不在次等之限　謂上条大学博士上下稱文学耳
問諸司博士等亦不在次等之限
究云侍位蔭有限哉　答凡侍蔭犯者六議以
下皆次耳於律旦有不免罪故也　問於本

下皆決耳於律且有不免罪故也問於本〻
司判若假郡司於國判寮官人於省判釋
本司哉　答而耳〻
其諸司判官以上　釋〻云其才伎長上者其位當典　以上者不可決何據法准判官
故一云才伎長上任主典者是稱初任故不可同判官
究〻問雜品官等〻其位當判官以上者〻
決未知以必從好准欲爲當以上下相
答依官位令者以上下爲級假大膳少進

替依官位令者以上下為級假大膳少進
正七位上官主膳正七位下官為非判官
司　次管自余才伎長上依禄令其位主典
以上者不次給少判官禄故也尚依文習
耳又問於女官何替已上諸条等皆悉
為男出之於婦之合別勘不同此例也
或云師云物之師并長上之属甲於主典者

或云師云物之師并長上之属甲於典者
依次皆之例耳
文學諸博士文學等　穴云其諸家諸博士等又不次為畢足人令次諸師也令次
皆自餘雅樂寮師等又至鎰典鑄典　朱
履之類勘官位令其位与當司判不相當　以上不次、
後及不次也但領
若位下於判官者令次　朱云領
同此同荅説也　同也又
後領云或云依其職掌判官以上者不次
但位以上給一
又或云其任判官以上不次者並此兩説耳者
為高下之類別上令無讀状朱云凡令例
次之議師首此并首

為高下之類別上令無讀状来云凢令內
稱博士者皆不决也稱師者决耳者
同國博士决不答可决也
放氏格云勅入國問諱〻心聞有之一况於従今嘗
無避須見諸司入奏名籍或以國主國號為
名向朝奏名可不寒心或取真人朝臣之字於
氏作字是近冒姓後用佛菩薩及聖賢之號
每經聞見不安于懷自今以後宜勿更然普

（4）

毎經聞見不安于懐自今以後宜勿更然皆
里若勝母曾子不入其如此等類有先著者宜
即改換務從禮典主者施行
神護景雲二年五月三日
弘雜格云勅頃者百姓之間曽不知礼以御宇
天皇及后等御名有著姓名者自今以後不得
更然所司或不改正依法科罪主者施行

更並所司或不改正依法科罪者施行
天平勝寳九年五月廿六日
撿非違使式云凡異騎并乗已至牽馬擔夫
乗車馬等類随状科不應爲軽重之罪
雜式云御所及中宮東宮稽首餘皆跪拜
又云授位任官及別有恩命者舞踏中宮東
宮准此 随人貴賤

宮准此（随人貴賤）
弾正式云四位已上逢一位五位已上逢三位
已上六位已上逢四位已上七位已上逢五位已
上皆下馬餘應致敬者皆不下（其不可者斂馬側立）應下
者乗車及陪従不可（中宮東宮陪従准此）
又云三位已下於路遇親王者下馬而立但大臣
斂馬側立

（5）

錣馬側立
弾例云凡相遇親王者三位下馬而立四位
已下蹲坐但大臣錣馬側立又條云三位於
宮中遇親王者蹲坐但大臣不得蹲坐
者爲見古礼載之依式文可行
又云无位孫王逢三位已下馬六位已下逢无位孫
王不下

王不下
雜式云騎使遇應致敬者下馬若急速者不可
彈正式云致敬礼着三位已下拜親王大臣及一
位　参議已上准拜親王大臣
四位拜二位并三位参議已上　位拜三位并四
位参議六位拜四位七位拜五位神祇官祐史
拜次官已上太政官外記拜弁少納言左右史

拜次官已上太政官外記拜少納言左右史
拜彈正臺職坊使寮司判官主典諸衛
府監曹尉志大宰監典拜次官已上助教直
講拜博士東宮官拜博六位已下拜學士國
介拜守鎭守監曹拜將軍官人見本國守
官卑者致敬位同者不拜若就國見猶常
諸司諸國史生及諸衛府々生已上二宮舍人等於判官
以上不論位高卑皆拜以外任隨私礼不拘此制

諸司諸国史生及諸衛府〻生已上二宮舎人等共判官
以上不論位高卑皆拜以外任随私礼不拘此制
又云親王大臣〻及一位於五位以上答拜於六位
以下不須五位以上於六位以下答拜位雖高下亦同上
公式令云文武職事散官朝參行立各位次
爲序位同者五位以上即用授位先後六位以
下以齒謂齒齡者親王立前謂夾馳道而分立東西也諸王諸臣〻各
依位次不雜分別謂自親王行降一等諸王立諸臣列東

依位次不雜分別 謂自親王行降一等諸王三位諸臣列東

諸王諸臣各依位次不雜分列 釋云大臣以下皆親王

後也其外位別列耳古記云一列者諸臣三位立前次

諸王四位以下五位臣四位以下列耳其外位者

依官位令耳 穴云諸王諸臣各依位次則知可別

列同依令釋諸王五位之後可立諸臣四位五

位未知諸王三位以上諸臣三位以上行

々之次未知何此謂列一行之時事也

荅私思王

一位次臣一位次王二位次臣二位次王三

位次臣三位又亦位以次行列一同諸臣

位次官臣三位又六位以次行列一同諸臣
不別王臣何者朝服之色无別之故但四
位以下朝服有別仍王臣別耳師云王
三位以上立畢之後臣一位可立也問今
釋云外位依官位令耳未知其意答師
云依古令所説欲於今不見別之
同殿上藏人所并處々之例以蔭子馬上以

同殿上蔵人所并處々之例以蔭子為上以
蔭孫為下今所疑者資高蔭雖稱孫其
文武四位以上也以當蔭雖稱子其
五位以上也猶依子孫之字可次第乎將依
本蔭之階可次第乎答公式令云文武職散
官朝參行立各依位次為序位同者六位以
下以為選叙令云五位以上子出身者一位

下以爲選叙令云五位以上子出身者一位
嫡子從五位下庶子正六位上二位嫡子正六
位下庶子及三位嫡子從六位上庶子從六位
下正四位嫡子正七位下庶子及從四位嫡子
從七位上庶子從七位下正五位嫡子正八位
下庶子及從五位嫡子從八位上庶子從八
位下者案斯等文依其位階等爲可有行

位下者案斯等文依其位階年齒可有行
立次第何以蔭子蔭孫若号推知為上為下
之令別猶随本蔭出身之階宜定當時著
座之法
又問進士帯刀長共候東宮殿上之時以帯
刀長為上以進士為下矣是非之間意如何
答件座次事頗違理途何者如公式令者也

吝件座次事頗違理途何者如公式令者也
用位階次用年齒爰棄選叙令並于進士
已量及第之位但於帶刀未見可叙之階
何以無位為上以有位為下乎猶如到錯
尤可改易況進士者文道也文事在左帶
刀者武衛也武事在右此是聖人之法不
可乖違之者也

可乖違之者也
已上二條同巻其理如此但臨時之折人
主専之况至殿上既是　皇居也若有
新勅定必勿論法式又上臺東園雖
異視聽論言令旨尤可因准仍宮内
准仍宮内事須同上法後畢能會釋
不可守一隅

不可守一隅
同隠岐國司守槿兩人職掌有限老少無
論任國之座自存次第至于去職之後各
爲散位之日更座之處以雜爲上年荅
爲例儀云職事初位与八位同就着云初
位人帶職事時爲貴去職之後不可貴又
輕於八位故着在任之時寔有守槿之別羅

輕於八位故着在任之時寔有守擬之別罷
秩之日宜依朝參之法彼職事初位雖同
八位去職之後輕而不貴之故也縱有長
官之舊号既是少年今當散位之吏座
何下老年然則猶依年齒可定次第明
存章條勿成疑慮
式部式云元正行列次第參議以上在左

式部式云凡正行列次第參議以上在左
太政大臣就列之時右大臣在西親王諸王及餘官三位已上在
右自外五位以上隨便左右其四位參議
雖異下階列同色上孫王諸王同色先
列孫王六位已下次以位階不依官秩外位
不得列内位上
案古式行列次第之法惣以一絛為親

案古式行列次第之法惣約一條爲親
王及参議已上諸臣三位已上四位已
上各制其行列即文云々六位已下次
以位階不依官秩其申政之時以官
秩然則一位已下初位已上申政及臨
時之行列自以明也而此式制爲兩條
即此條元正行々列雜穀六位已下立之法下條諸

即止條元正行〻列雜敍六位已下之法下條諸
節會及申政次第不須六位已下之
列称文稀但五位已上也爰知依但
字可明六位已下之法也加以古式以上
文令蒙下文也此式待上條并但字義
可顕六位之事　又〻可奉
又云　諸節會行列次第親王及参議已上并

又云、諸節會行列次第、親王及參議已上并
諸官三位已上在左、諸王左右行列在諸臣
上、其中敘之時、以官秩次、但五位已上位色
不同、雖是下官、猶先高色、
長保元年七月廿二日、賀茂祭警固解陣（作上卿太皇太后宮大夫藤原實資卿）右中将源頼定（四位）左
近将藤成房（五位）依四位右中将列上

少将成房五位依四位右中将列上
或人云猶依府次兼雅五位左少将可
列上云々此説頗訛也天暦八年正月日
依太皇大后崩有警固召作右中
将源重信四位左少将月輪五位不依
府次依位行立異外記日記上中納言源兼明卿称王如書奏依上下書左
右任例
奏之

右任例
奏之
就中如式文者雖是下官猶先高色者
依位行列尤叶式意
書奏之列射礼之座
雖依府次至于四位猶
同式部式云行列次第六位已下次以位
階不依官秩又云宰政之時以官秩次但
五位已上位色不同雖是下官猶先高
色者今所疑者一司同官之人七少異

色者今所疑者一司同官之人大少異
号之間各依勞勤同日預榮爵之處
以父祖之蔭帶少之者列上帶大之者
列下也若随叙位之次第可無大少之
分別歟　答式文所謂位色者即位衣
之色也同日同階之人有何分別之
色乎猶依本官之大少可為當時之

邑并猶依本官之大少可爲當時
次第也
同戸令云陵戸官戸官人公私奴婢皆
當色爲婚義解云凡此五色相當爲
婚即異色相娶者律無罪名並當
違令既乖本色之令正之若異色
相娶所生男女即知情者自令從重

相娶所生男女即知情者自今從重
其官戸陵戸家人是此三色等官戸
爲輕二色爲重又條云官戸奴婢毎
年正月本司色別各造籍二通有
工能者色別具注義解云工者三通
也能者書筭之類也戸婚律奴娶
良人女條疏云人各有偶色類須同

良人女条疏云人各有偶色類須同
良賤既殊何宜配合選叙令遷代
条義解云其以理解官惣有七色致
仕考満廃官省員死侍遭喪患解
是也又卆主臣条云其雑色任用者
考満之日聴於内位叙又云㯃位者
皆限年卅五以上義解云謂入色革

皆限季廿五以上義解云謂入色等
限赴自十七也読者云別勅才伎長上
及中宮舎人諸伴部帳内資人等之
類皆限季十七出身廿五叙位耳
又云得蔭之色限廿一即叙衣服令
朝服条云一品以下五位上衣色同礼
服袋従服色又朱云云凡服色白黄丹紫

服袋従服色又令云凡服色白黄丹紫
蘇芳緋紅黄橡纁蒲萄緑紺縹桑
黄揩衣蓁柴橡墨如此之属当色
以下各兼得服之義解云謂假令着紫
之人兼得服蘇芳以下諸色之類又
云外命婦夫服色以下任服又云衣色
准男夫者棄此等文觸人觸物觸事

准男夫者棄此等文觸人觸物觸事
觸官所雜色類其數至多凡量色字
之處無可窮盡之由並則位色着品位
正位正上下之色也何必可謂位袍之色
平位色者借言位欲加以公式令云朝
參行立各依位次爲序位同者五位
以上即用授位先後者識是同日之叙

天元三年二月七日
左大史故本守高直

天元三年六月七日

左大夫叙本高直

以上即用授位先後着誠是同日之叙

縦史皆須爵右大史

依先烏張大叙

雖居同階之列彼此立之先後豈非

大外家令皆須爵

授位之先後乎不論官之大少須用

参考図版

① 収納桐箱の蓋（表・裏）

② 巻二十五　包紙の題

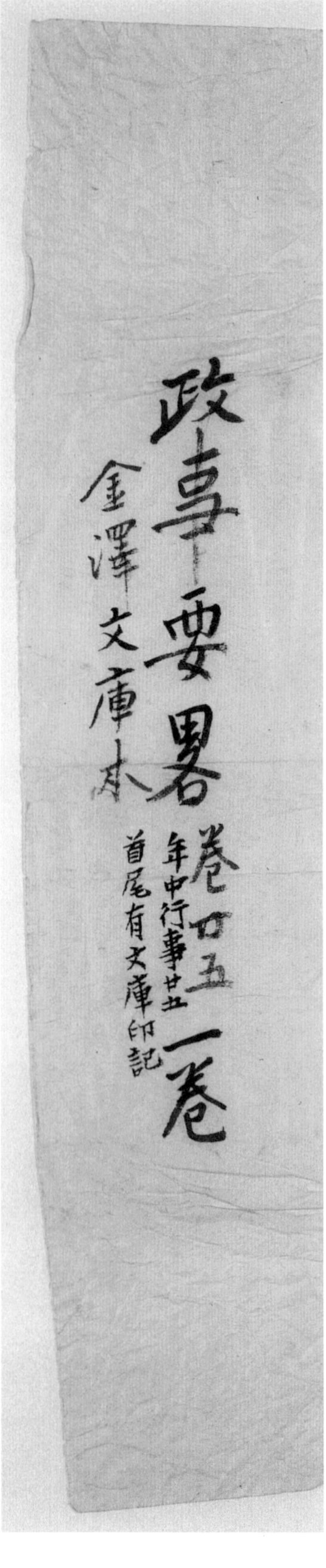

③ 巻六十　包紙の題

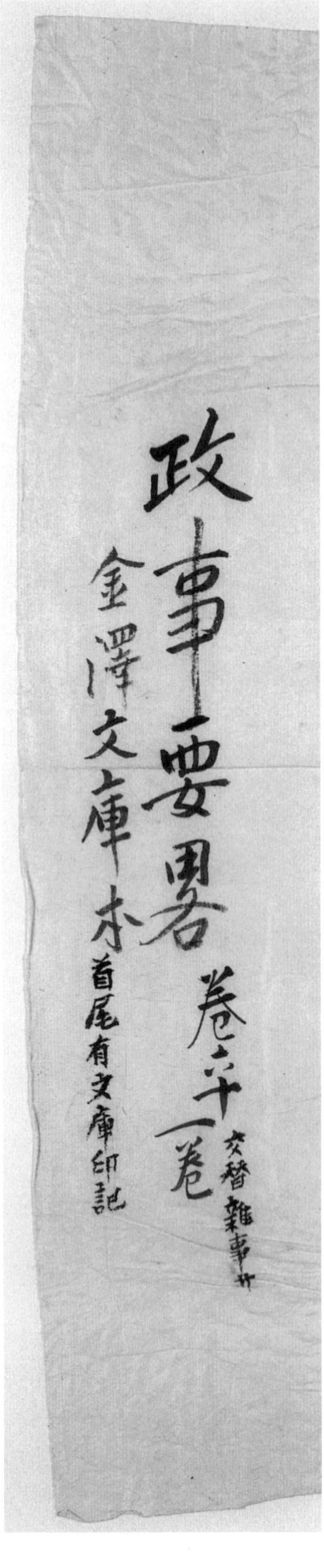

④　巻二十五　継目裏書の例

第2紙左端裏（一一頁）

第54紙左端裏（一四八頁）

⑤　巻六十　継目裏書の例

第1紙左端裏（一五六頁）

第29紙左端裏（二三三頁）

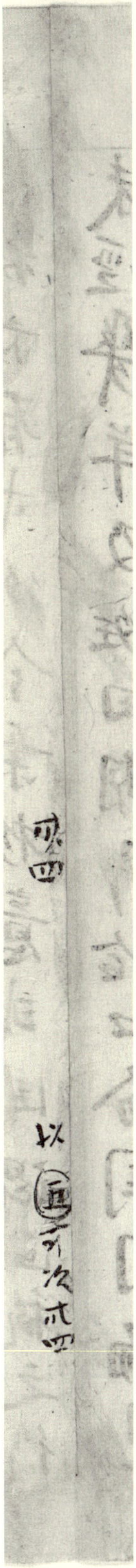

第46紙左端裏（二八〇頁）

⑥ 巻六十九　補修箇所の透過光撮影（原本の1.8倍に拡大）

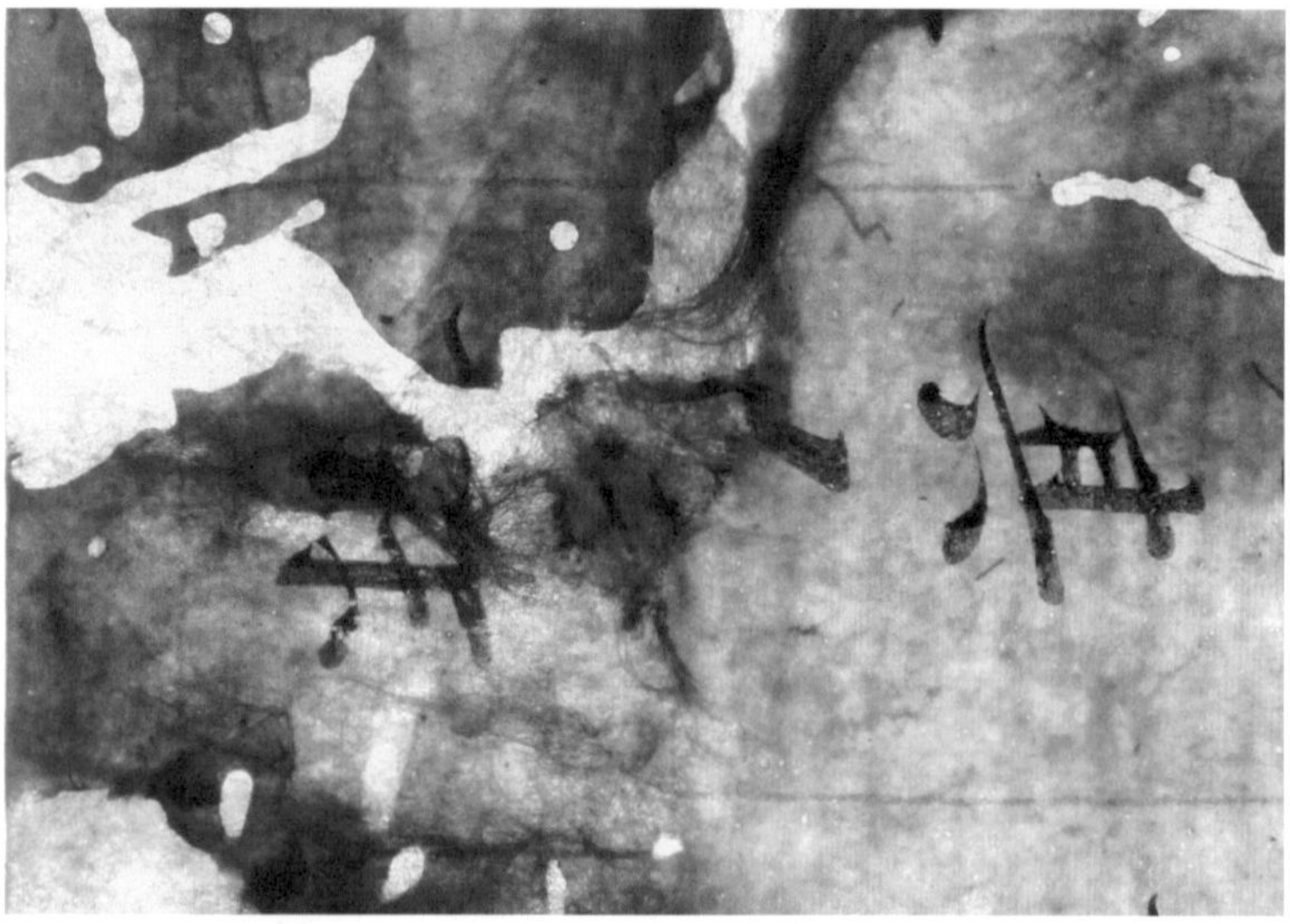

（C）291頁3行目　行末

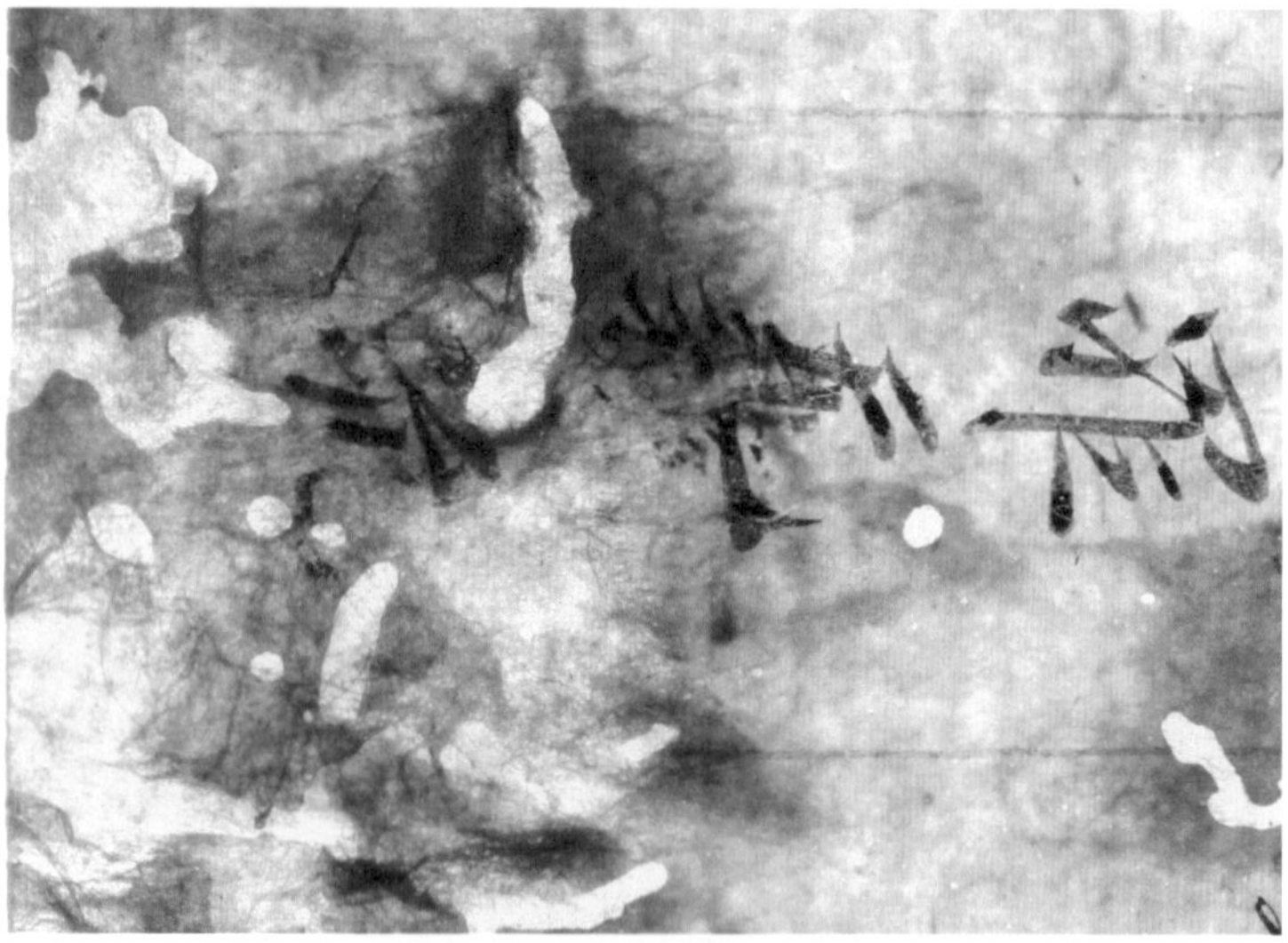

（B）290頁2行目　行末

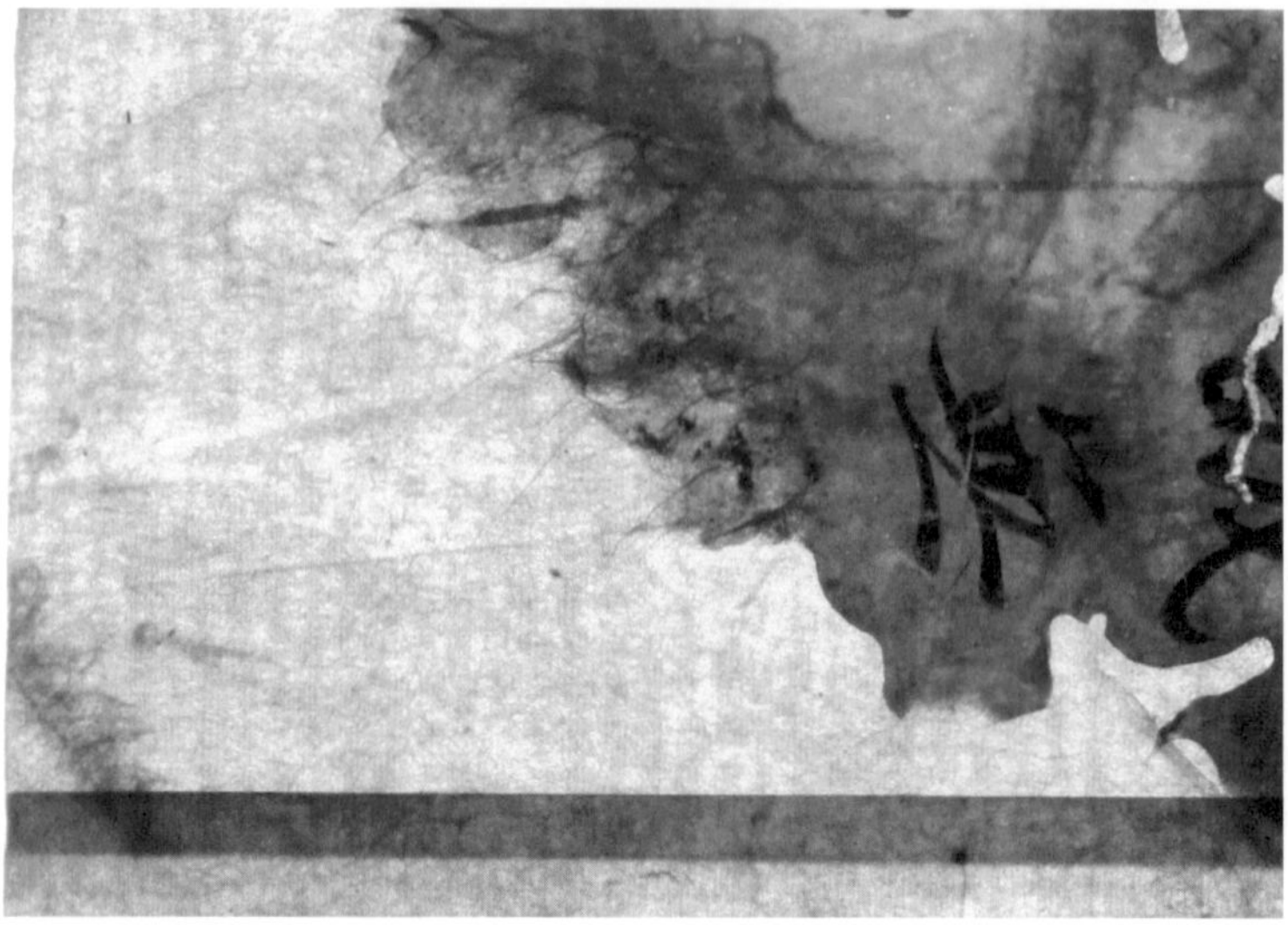

（A）289頁1行目　行末

（D）292頁４行目　行末

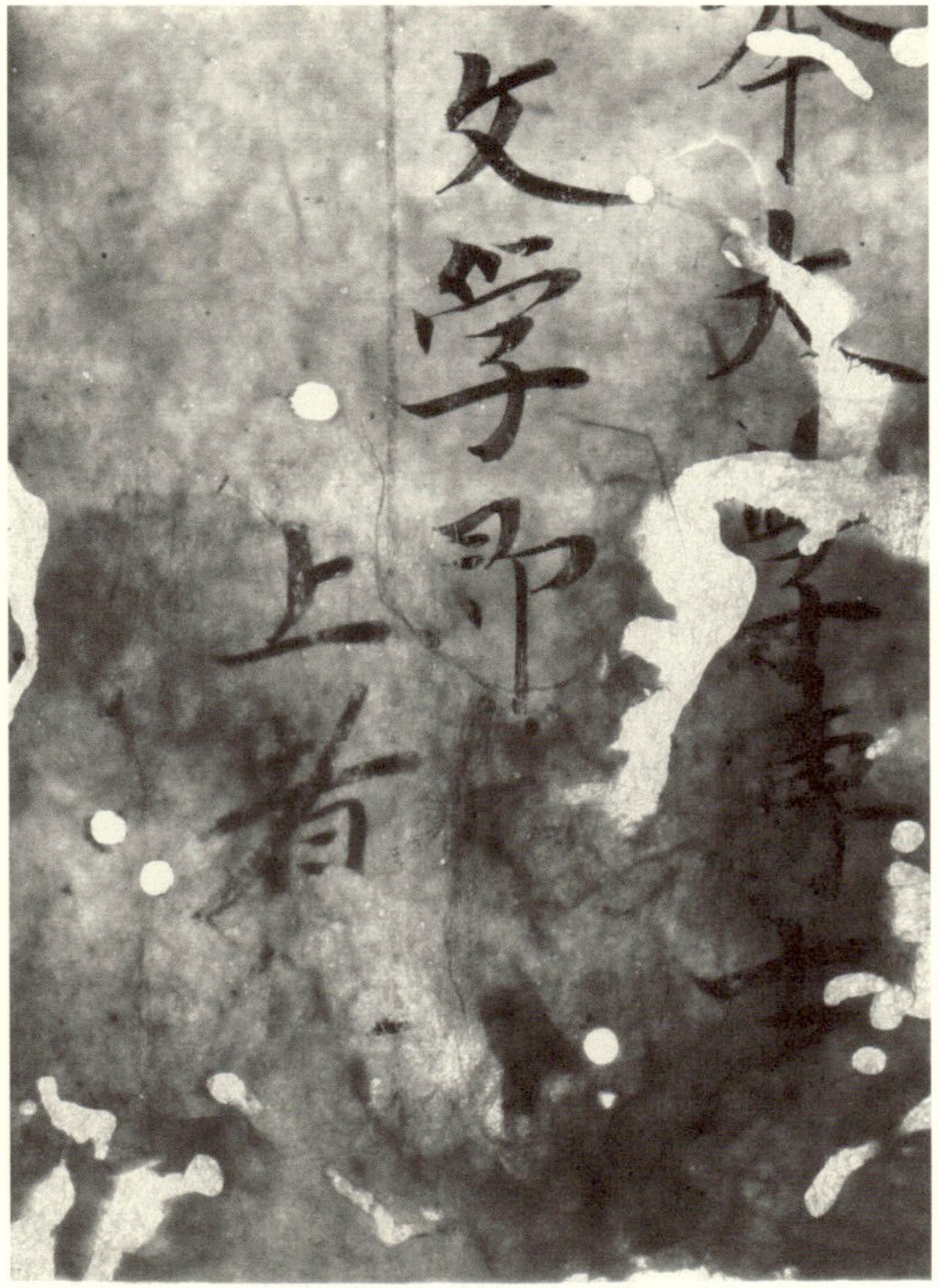

（E）293頁４－５行目　行末

（F）294頁５行目　行末

（I）305頁5行目　行末

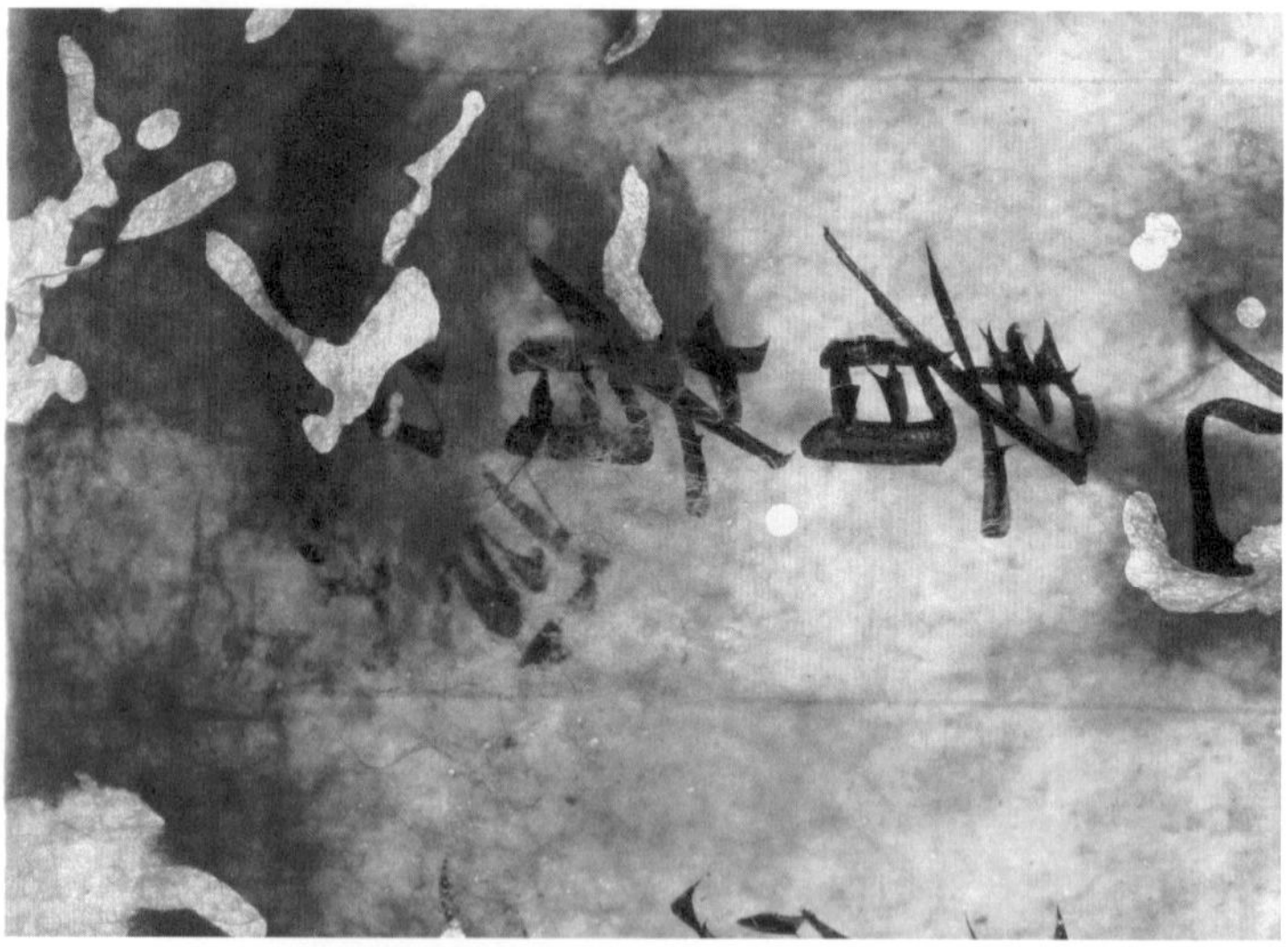

（H）298頁2行目　行末

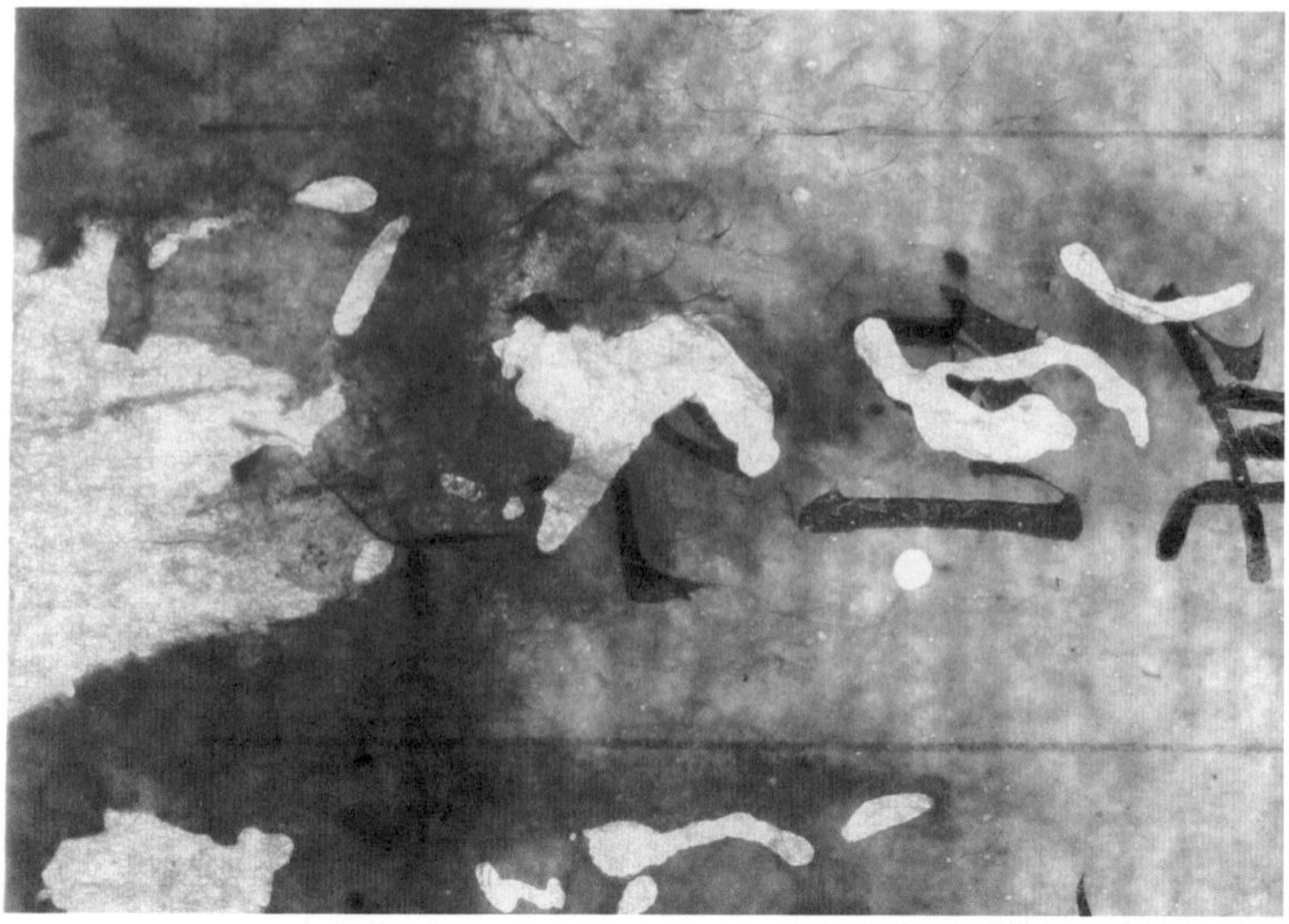

（G）295頁6行目　行末

尊経閣文庫所蔵

『政事要略』解説

吉岡眞之

一　『政事要略』の概要

『政事要略』については和田英松・太田晶二郎・虎尾俊哉・木本好信らの考察があり、基本的な事実が明らかにされている(1)。以下においてはまず右の四氏の研究にもとづいて、『政事要略』全体に関わる概要を述べる。

（1）巻数および成立時期

『政事要略』は『中右記』寛治八年（一〇九四）十一月二日条裏書に「明法博士允亮所レ抄政事要略百卅巻云々」（『大日本古記録』）、また『本朝書籍目録』に「政事要略　百三十巻（中略）惟宗允亮撰」（『群書類従』巻四九五）とあることから知られるように、明法博士令宗（惟宗）允亮の手によって編纂された法制書で、もとは百三十巻からなっていたと考えられるが、現在は二十五巻が伝わるに過ぎない(2)。その成立時期については必ずしも明確ではないが、和田が本書巻二十六（正しくは巻二十五）に「今上（一条）正暦四年十一月一日云々」とあることにより、「一条天皇の御代に撰びたるものなる事は明なり」とし、さらに太田は『小記目録』第十八、臨時八、雑部に「長保四年十一月五日、世（政）事要略部類畢事」とあることにもとづき、「政事要略の部類即ち編輯が長保四年に一応終了したのではあるまいか」と成立時期を長保四年（一〇〇二）に絞っており、現在のところ一条天皇の時代、長保四年の成立かと推定されている。これに加えて虎尾は『政事要略』巻二十九に「長保三年閏十二月廿二日、東三条院崩、今上（一条）母」と見え、「今上」が一条天皇であることより、和田・太田の一条天皇時代成立説を補強している。

ただし太田の長保四年成立説については木本が、『小記目録』にいう「部類畢」とは藤原実資が允亮から『政事要略』を借覧して部類抄出したと解すべきではないかと述べており、なお検討が必要であろうと思われる。

（2）編纂に関する事情

『政事要略』が小野宮家と深い関連を有していたことについては早く和田が指摘し、太田がこの説を補強している。和田は（一）『後二条師通記別記』寛治五年八月十一日条に「政事要略六七帙借二請顕実許一云々」（『大日本古記録』）と見え、藤原（小野宮）実資の曾孫である顕実の家に『政事要略』が所蔵されていたこと、（二）『中右記』寛治八年十一月二日条裏書には『政事要略』について「為二一本書一、不レ在二他家一」と記し、『政事要略』が孤本であったとしていること、（三）『小野宮年中行事』に引く「允亮記」は『政事要略』であること、（四）允亮と実資との親交を物語る記事が『小右記』に見えること、などの史料をあげ、「実資特にこれ（＝政事要略）を借覧したるものなるべく、よりて一本を書写して、これを子孫に伝へたるものならんか」と述べた。太田はこれらの史料に加えて（五）石山寺本

（現天理図書館所蔵）『香要抄』末の裏書に「小野宮殿政事要略」と記されていることをあげ、「小野宮家と本書（＝政事要略）との縁故は殊に緊密と謂ふべきである」「政事要略の編纂にも藤原実資が何程かの関係与力が有つたのではなからうか」と述べた。これらを受けて虎尾は「この際、一歩をすすめて、小野宮実資の命により、あるいは依頼によって、この書（＝政事要略）の編纂が企てられたと見て誤たないであろう」としている。

ただし木本は、虎尾が「天下の孤本として小野宮家に相伝され」たと述べた点について、『中右記』康和四年（一一〇二）九月十一日条に「中宮大夫属正則ニ政事要略ト云文候之由風聞」と見えること、『江家次第』や『法曹類林』にも『政事要略』に多くの引拠を求めていることを指摘し、これが天下の孤本として小野宮家に相伝されたとは限らないと述べており、これについても関連史料の精査が必要であろう。

二　前田家と『政事要略』

右に引いた『後二条師通記別記』寛治五年八月十一日条と『中右記』寛治八年十一月二日条裏書にうかがわれるように、『政事要略』は成立後ほぼ一世紀を経た時点でも藤原顕実のもとにのみ存在する孤本であったと見られるが、虎尾の指摘のように、『小槻季継記』安貞二年（一二二七）正月十一日条（「改定史籍集覧」第二四冊）にも「件書（＝政事要略）難レ得レ之、而大夫史持レ之云々」と記されており、『政事要略』の広範な流布はかなり遅れたことが推定される。現存する古写本が前田育徳会尊経閣文庫に伝わる金沢文庫本三巻のみであることは(3)、流布が遅れ、またその範囲が限られていたことの反映であろう。

『政事要略』の写本の収集と原形復原のために行われた近世以来の努力については押部佳周の研究がある(4)。現在の筆者は押部の研究に加えるべきものはもっていない。ここでは押部の研究に依拠しつつ、前田家と『政事要略』の関わりを中心に概要を述べるにとどめたい。

新井白石の『退私録』巻之中、「神君金沢文庫の蔵書御差上之事」（『新井白石全集』第五）によれば、徳川家康が金沢文庫の書籍を披閲した際のことと関連して

此時政事要略脱巻ありて、只十九巻ありしを、先生の家に持来り、価金五十両と云、其書の筆者、名ある人々たるがゆへなり、先生は家に居玉はず、舎弟二十両迄に価を付られしなり、其後殊にすぐれたる筆者の有し巻を三巻抜出して去る大名へ売、残りし分は醍醐殿の方へ求られしなり、

と述べられており、近世の初期には十九巻の金沢文庫本『政事要略』が伝存していたという。これらのその後については、「三巻」を「去る大名へ売」り、残りは「醍醐殿」が買い求めたという。ここにいう「三巻」についてはこれを写本にもとづいて「三井」の誤り

とし、それは木下順庵の弟子の向井三省を意味するかとの太田晶二郎の見解があるが、「去る大名」についてはこれを金沢藩第五代藩主・前田綱紀と見る点で諸家の説は一致している。そうであれば先の「三巻」は尊経閣文庫に現存する巻二十五・六十・六十九（残簡）に当たる可能性もあり、「三巻」か「三井」かの確認は重要な課題となる。

　ところで前田綱紀の記録である尊経閣文庫所蔵『桑華書志』「見聞書」（第七十四冊　四十五丁オ〜ウ）には『政事要略』に関する記述がある。その内容は押部によって紹介されているので、ここでは概略を述べるにとどめるが、それによれば、綱紀は「庚子」（享保五年〔一七二〇〕）の年に「京極御所」所蔵の写本十八冊を借用して書写し、すでに自家に所持していた七巻分および巻序未詳の残簡一巻をこれに加え、あわせて二十六巻分の写本を所蔵することになった。この二十六巻分のうち享保五年以前に所持していた七巻分とは巻二十五・二十七・五十三・六十・六十一・八十一・八十四であり（綱紀はこの七巻の巻序数を墨線で囲む一方、京極御所本の書写本には巻序数の上に朱点を付して両者を区別している）、うち巻二十五と巻六十が金沢文庫本で、この二巻について綱紀は「金沢文庫」と傍書している。また巻六十九（残簡）に関してはこの時点では「十三葉相州金沢本、未レ詳二幾巻一」と記述されており、これを巻六十九の残簡とする認識はない。さらに巻六十一・八十一・八十四にはいずれも「二本副平松本」と傍書しており、この限りではこの三巻が平松家の蔵書の写本であったらしいことをうかがわせる。

　平松家と『政事要略』については尊経閣文庫所蔵『書札類稿』一（平松中納言殿一）に、宝永三年（一七〇六）四月から十月にかけて綱紀と平松時方の間で『政事要略』に関して交わされた書簡の写しが収められている。両者の交渉の経緯を整理すればおおむね以下のとおりである。

①　時方が「政事要略六十一・八十一・八十四、此三巻御所持候哉、承度存候」（四月二十七日）と綱紀に問うたのに対して、綱紀は「此三巻者外ニ茂稀ニ御座候旨承及候、尤所持不レ仕候」（五月二十七日）と返答しており、これにしたがえば宝永三年四、五月の時点では両者ともにこの三巻は所持していなかったと見られる。

②　その後、時方は「所持之方令二懇望一候之處、可二借進一との事候、猶申談、相調次第可レ得二御意一候」（六月十五日）との書簡を綱紀に差し出し、某家より借用の目処が立ったことを申し送っている。

③　ついで時方は「令二懇望一候政事要略三本来候、則書写申付、遂二校合一、令レ進之候」（八月二十七日）と述べ、某家から写本を借用したので、書写・校合を行った上で進上することを綱紀に報告している。

④　程なく綱紀は時方から三冊の写本を受け取ったが、綱紀は時方に対して「最前御尋之時分、江府ニ者書物有合不レ申候付而、

任㆓記憶㆒及㆓御返答㆒候、帰国以後、猶更諸務繁多候故、此儀存知不㆑申、昨日御写本被㆓差下㆒之候而、家本見合候処、三冊共ニ有㆑之候」（九月十日）と述べ、江戸在府中で手元に書籍がなかったため、先の問い合わせに対して記憶にもとづいて返答したが、昨日到来した三冊を所蔵本と比較したところ、この三巻はすでに所持していることがわかったという。これに対して時方は「三冊、此方ニ茂留置、令㆓進入㆒候、可㆑致㆔添㆓置御本㆒候」（九月二十七日）と述べ、綱紀にこの三冊を寄贈する旨を述べている。

以上の経緯によれば、先の「二本副平松本」という傍書は、綱紀の所持本と平松時方から送られてきた某家所蔵本の写本の「二本」という意味であろう。

これについては以上にとどめ、次節においては金沢文庫旧蔵本三巻について書誌的情報を中心に述べることとする。

三　金沢文庫本の書誌

尊経閣文庫所蔵金沢文庫本三巻は慳貪式の桐箱（台付き。縦十九・九センチメートル、横十九・七センチメートル、奥行三十六・四センチメートル）に収められている。箱の内部には二段の抽斗があり、各段に二巻ずつ納められるようになっている。箱蓋（参考図版①）には真鍮製の取っ手が取り付けられ、蓋の表には「政事要略／三巻」と墨書されている。ただし「三」は紙片（縦一・三センチメートル、横一・六センチメートル）に墨書して貼り付けたものであり、貼紙の下にはおそらく「四」と墨書されているものと推定される。その理由については後に述べる。

蓋の表にはさらに「政書㊎／第四號上」（㊎は朱印）の貼紙（縦二・八センチメートル、横一・九センチメートル）および、「國／寶」の朱印を捺した貼紙（縦二・九センチメートル、横二・九センチメートル）が付されており、また蓋の裏には「明治戊申紀元節／利為題」と墨書されている。したがってこの箱は第十六代当主・前田利為が明治四十一年（一九〇八）二月十一日を期して誂えたものであることが知られる。

さて、右に述べた「三」の貼紙とその下の文字についてであるが、これは尊経閣文庫所蔵の『法曹類林』巻百九十七と関連する。かつて述べたように(5)、この『法曹類林』は巻首の第一紙を欠いていたため書名が不明確であり（この第一紙は現在国立公文書館内閣文庫所蔵）、ながらく『政事要略』と誤認されてきた。これが『法曹類林』巻百九十七であることを明らかにしたのは和田英松であり(6)、そのことを前田家の家令永山近彰に宛てて述べた大正二年（一九一三）七月二十六日付けの書簡が尊経閣文庫に存在する。永山は和田の書簡を受け取ると、程なく『法曹類林』の第一紙を影写して補ったと見られる。したがってこれ以前は、前田家では『法曹類林』巻百九十七を『政事要略』として扱っていたのであり、前田利為が明治四十一年に箱を誂えた際にはこの『法曹類林』を含めて四巻の『政事要略』が存在すると認識されていた。箱の構造が先に述べたように四巻の巻子を収納できるようになっているのはこのためである。したがって利為は箱蓋に「四巻」と墨書したはずであり、後にそのうちの一巻が『法曹類林』であることが判明して、これを訂正するために「三」と墨書した貼紙を貼り付けたものと推定される。

つぎに各巻について順次述べる。

（1）巻二十五

巻子本一巻。全五十四紙からなり、標準的な一紙の行数は二十二行、一行の字詰めはおよそ十五字前後である。首尾に「金澤文庫」の重郭長方黒印を捺す。紙背文書はない。料紙は楮紙打紙と思われる。ただし第五十紙（一三四〜一三七頁）のみはそれとは異なり、薄茶色で漉きむらのある薄手の料紙を用いている。本紙には若干の虫損などがあるが、裏から繕い紙を当てるのみで、裏打ちはなされていない。ただし右に述べた第五十紙は繕いを行わず、全面に裏打ちが施されている。各紙ごとの法量は別表に譲る。

本巻は奉書の包紙（縦約四十七・一センチメートル、横約三十二・九センチメートル）に包まれており、包紙（参考図版②）には

政事要畧巻廿五「年中行事廿五」一巻
金澤文庫本「首尾有文庫印記」

と墨書されている（「年中行事廿五」と「首尾有文庫印記」は同筆。ただし他と別筆か）。

現在の表紙は薄縹色の紙表紙で、「政事要略　巻第二十五」の外題（打ち付け書）を有する。金属製の発装と薄茶色の絹の平緒を装着し、また朱漆塗の杉材の軸を軸付紙とともに付す。これらはいずれもおそらくは近代以後の新しい装訂であろう。先に触れた『書札類稿』一（平松中納言殿一）に収める宝永三年九月十日付けの前田綱紀から平松時方へ宛てた書簡には「（『政事要略』の）古本者（中略）未表紙等不申付候」とあり、少なくとも綱紀が所持していた時期にはまだ装訂されていなかった。先述のように、明治四十一年に前田利為が『政事要略』を収納するための箱を新調しているので、現在の装訂もあるいはこの時期に施されたものではないかと推定する。

つぎに本巻の内容について述べる。全巻一筆であり、本文と同筆の書き入れや校異注記が行間および鼇頭に認められるが、わずかながら異筆かと思われ書き入れも認められる。断定は難しいが、参考のため筆者の判断にもとづいて異筆と思われる箇所を以下に列記する。

第十一紙（三五頁四行目）「考状可求載」
第十七紙（五二頁一〜二行間）「南家祖武智麿大臣第二男也武智
　磨淡海公一男也」
第二十七紙（七七頁三〜四行間）「嘉歟」
第二十八紙（八〇頁二行目分注左行）「炅」
第三十五紙（九九頁三〜四行間）「祖歟」

第四十四紙（一二〇頁四行目鼇頭）「菅丞相御作」
第四十六紙（一二四頁八～九行間鼇頭）「紀納言作」
第四十七紙（一二九頁三行目鼇頭）「善相公作」

また擦り消し、重ね書き、ミセケチによる抹消、挿入符による文字の追補など、本文が改竄されている箇所もある。これも以下に列記しておく。

第五紙（一七頁四行目分注左行）「可」（もと「下」。第二、第三画を擦り消して「可」と改める）
第十五紙（四四頁九行目）「鋪」（扁「金」に重ね書きあり。もと「自」か）
第十七紙（五二頁五行目）「主」（「明」を擦り消し、「主」を重ね書き）
第二十紙（五八頁九行目）「以」（「﹅」を擦り消し、「以」を重ね書き）
第二十二紙（六五頁三行目）「尊」（もと「像」か。これを擦り消し、「尊」を重ね書き）
第二十八紙（八〇頁二行目分注左行）「具」（ミセケチにより「具」を抹消し、「炅」を傍書）
第三十紙（八四頁三行目分注右行）「之」（挿入符を付して「之」を追補）

なお各紙左端の紙背には丁付けの数字が記されている（参考図版④）。ただし第一紙および第二十五紙にはそれが見えない。このため第二十六紙以後には実際の紙数より一つ少ない丁数が記されている。この第二十五紙は三行分でその紙幅は六・四センチメートル、また第二十六紙の紙幅は通常より四センチメートルほど短い四二・三センチメートルであることから、第二十六紙の一部（おそらく右端の二行分）を切除してそこに第二十五紙の三行分を貼り継いだものと推定される。したがって第二十五紙に丁付けがなされていないのは、貼り継ぎがなされる以前に丁付けが行われたことを意味するであろう。

丁付けに関連して、第七紙左端の紙背に丁数「七」とともに「〇」が、また第三十三紙左端の紙背に丁数「卅二」とともに「△△」が記載されているが、その意味については不明である。

（2）巻六十

巻子本一巻。全四十七紙よりなる。標準的な一紙の行数は二十二行、一行の字詰めはおよそ十五字前後で、巻二十五と同様である。首尾に「金澤文庫」の重郭長方黒印を捺す。料紙は楮紙打紙と思われる。裏から繕い紙を当てるのみで、裏打ちはなされていない。紙背文書なし。

本巻も奉書の包紙（縦約四十七・七センチメートル、横約三十二・九センチメートル）に包まれており、包紙（参考図版③）には

政事要畧巻六十一巻「交替雑事廿」
金澤文庫本「首尾有文庫印記」

と墨書されている（「交替雑事廿」「首尾有文庫印記」は他と別筆か）。

装訂は巻二十五と同じで、薄縹色の紙表紙に金属製の発装と薄茶色の絹の平緒を装着し、また朱漆塗の杉材の軸を料紙で直接巻き込む。外題は「政事要略　巻第六十」と打ち付け書されている。

つぎに内容について述べる。筆跡は全巻一筆で、巻二十五とも同筆である。また巻二十五と同様に、本文と同筆の校異注および書入れが行間・鼇頭に認められるほか、擦り消し、重ね書き、ミセケチによる抹消、挿入符による文字の追補などの本文改竄もある。本文改竄の箇所を以下に示す。

第五紙（一六六頁四行目分注右行）「役」（「従」の一部を擦り消し、「役」を重ね書き）

第二十六紙（二二五頁一～二行間）「美」（挿入符により補う。別筆）

第三十二～三十三紙（二四一頁七～八行目）「古記云定九等計資財定耳」（ミセケチにより抹消）

第三十四紙（二四五頁八行目）「云」の右、墨点を擦り消し。

第三十五紙（二四八頁六行目分注左行）「訖」（擦り消し重ね書き。もと不明）

第三十七紙（二五五頁三行目）「束」（擦り消し重ね書き。もと不明）

第三十七紙（二五五頁四行目五字目）「束」（擦り消し重ね書き。もと不明）

第四十二紙（二六七頁三行目）「知」（「和」を擦り消し、「知」を重ね書き）

また本巻にも、各紙のおおむね左端紙背に丁付けの数字、記号などが認められる（参考図版⑤）。

第一紙　「初一」

第二紙　「二」

第三紙　「三」

第四紙　「四」

第五紙　「五」　「十　以十可□〔次カ〕□〔五カ〕」

第六紙　「十一」

第七紙　「十二」

第八紙　「十三」

第九紙　「十四」

第十紙　「十五」

第十一紙　「十六」

第十二紙　「十七」

第十三紙　「十八」

第十四紙　「十九」

第十五紙　なし

第十六紙　「一」（右端紙背）　「廿一」（左端紙背）

第十七紙　「廿二」

第十八紙　「廿三」

第十九紙　「△廿四」
第二十紙　「△廿五」
第二十一紙　「△廿六」
第二十二紙　「△廿七」
第二十三紙　「△廿八」
第二十四紙　「△廿九」
第二十五紙　「△卅」
第二十六紙　「△卅一」
第二十七紙　「○卅二」
第二十八紙　「○卅三」
第二十九紙　「卅四」　「以㊄可次卅四」
第三十紙　「卅五」　「㊅」
第三十一紙　「卅六」　「㊆」
第三十二紙　「卅七」　「㊇」
第三十三紙　「卅八」　「㊈」
第三十四紙　「卅九」　「[redacted]」〔四抹消〕　「㊉」
第三十五紙　「四十」　「以卅五可次四十」
第三十六紙　「ノチノ」　「卅六」
第三十七紙　「卅七」
第三十八紙　「ノチ」　「卅八」
第三十九紙　「ノチ」　「卅九」
第四十紙　「四十」
第四十一紙　「ノチ」　「四十一」
第四十二紙　「ノチ」　「四十二」
第四十三紙　「ノチ」　「四十三」
第四十四紙　「ノチ」　「四十四」
第四十五紙　「ノチ」　「四十五」
第四十六紙　「ノチ」　「四十六」
第四十七紙　なし

さまざまな記号や文字による指示がなされており、巻二十五より複雑である。これらを整理するにはまず筆跡の分類にもとづく記号・文字の意味の検討が必要であるが、後日を期したい。

（3）巻六十九

この巻は首尾を欠いており、十三紙を残すのみである。全紙一筆であるが、巻二十五・六十とは別筆と思われる。紙幅・紙高はともに巻二十五・六十とほぼ等しいが、界幅はやや広く、一紙の行数は十八行である。また一行の字詰めはおよそ十六字前後である。料紙は楮紙打紙と思われる。裏から繕い紙を当てた後、裏打ちを施す。紙背文書なし。

本巻も奉書の包紙（縦約三十三・七センチメートル、横約二十四・六センチメートル）に包まれているが、墨書はない。装訂は巻二十五・六十同様、表紙は薄縹色の紙表紙で、「政事要略　首尾闕佚　巻第六十九」の外題（打ち付け書）を有する。金属製の発装と薄茶色の絹の平緒を装着し、また朱漆塗の杉材の軸を軸付紙とともに付す。

前に述べたように、本巻は久しく巻序未詳とされ、あるいは巻六十二・巻六十八などと認識されていた[7]。「新訂増補国史大系」本は鼇頭に「原残闕不詳巻数、諸本或為巻六十二、今従陵本附箋集本所引佐藤誠実氏説挿入此」と注記しており、この巻を、諸陵寮本の附箋[8]および「史籍集覧」本に引く佐藤誠実の説[9]にもとづいて巻六十九の一部とし、同巻に挿入している。この巻が巻六十九の一部であることを明らかにした功績の多くは佐藤誠実に帰せられるべきものかと思われる。

本巻は巻二十五・六十と比較して、首尾を欠いていることも含めて、本紙の前半を中心に比較的大きな破損が見られ、その破損箇所にわずかに墨痕が残るもの、また湿損を受けた巻子本に往々にして見られることであるが、破損の周辺に、他所の文字の写りかと考えられる文字が認められる場合もある。その一部については透過光撮影による画像を参考図版⑥（A〜I）として掲げた。その中から、ある程度状況の推定が可能なものについて以下に述べる。

（A）二八九頁一行目行末の「無」の下の文字について、「新訂増補国史大系」本の鼇頭には「或当補尊卑二字」と推定しているが、透過光の画像では「軽」の異体字とも見える。もしそうであれば、ここには「軽重」の二字が入る可能性もあろう。

（B）二九〇頁二行目行末の「无」の下にはかなり鮮明な文字が二字認められる。これはここより前の他所の文字が写ったものと推定されるが、それはこの巻の巻首の欠損部分の中にあるものと思われ、本来の位置は不明といわざるを得ない。

（C）二九一頁三行目行末の「其人」の下の文字は、本文二八九頁七行目行末の「条」の一部が写ったものか。

（E）二九三頁四—五行目行末の「即」の左側に見える「上者」は、本文二九二頁四行目行末の「以」と「依」の間の欠損部分の文字が写ったものか。

（F）二九四頁五行目行末の「同判官」の下の文字は、本文二九三頁四行目行末の「博士」が写ったものか。

同行末の「以上者」の下の文字は「在」と推定されるが、そうであれば、これは本文二九三頁四行目行末の「文学即」の下の文字が写ったものか。

（G）二九五頁六行目行末の「此例也」の下に不鮮明な墨痕がある。あるいは「不」かとも見えるが、そうであればこれは本文二九四頁五行目行末の「以上者」の下の文字「不」が写ったものか。

（H）二九八頁二行目行末の「者亦」の右側の文字は、本文二九六頁七行目行末の「令内」が写ったものか。

最後に本文に加えられている校異・改竄などについて述べる。

第一紙（二八九頁三行目）「行」（擦り消し重ね書き。もと不明）

第二紙（二九二頁七行目分注右行）「条」（重ね書きあり。もと不明）

第三紙（二九六頁四行目分注右行）「鎰」（重ね書きあり。もと不明）

第三紙（二九六頁四行目分注行間行頭）擦り消し痕あり。もと「竹」冠。「笞」の書きさしか。

第三紙（二九六頁四行目分注左行六字目）「位」（重ね書きあり。もと「住」）

第十紙（三一五頁七行目）「上」（擦り消し重ね書き。もと「條」の書きさし）

第十紙（三一七頁七行目）「弁」をミセケチにより抹消。

第十三紙（三二六頁四行目三字目）「正」をミセケチにより抹消。

このほかに本文と同筆で字句の挿入、鼇頭の注記が若干なされている。

以上、尊経閣文庫所蔵の『政事要略』金沢文庫本を中心に概要を述べたが、調査の不足は否めない。後日を期すこととし、今は読者の御寛恕を請うほかない。

いつものことながら、原本調査と解説執筆に際して財団法人前田育徳会尊経閣文庫の橋本義彦先生・菊池紳一先生には多大の御便宜をお図りいただき、また御教示を賜った。深く感謝申し上げる。

尊経閣文庫所蔵『政事要略』法量表

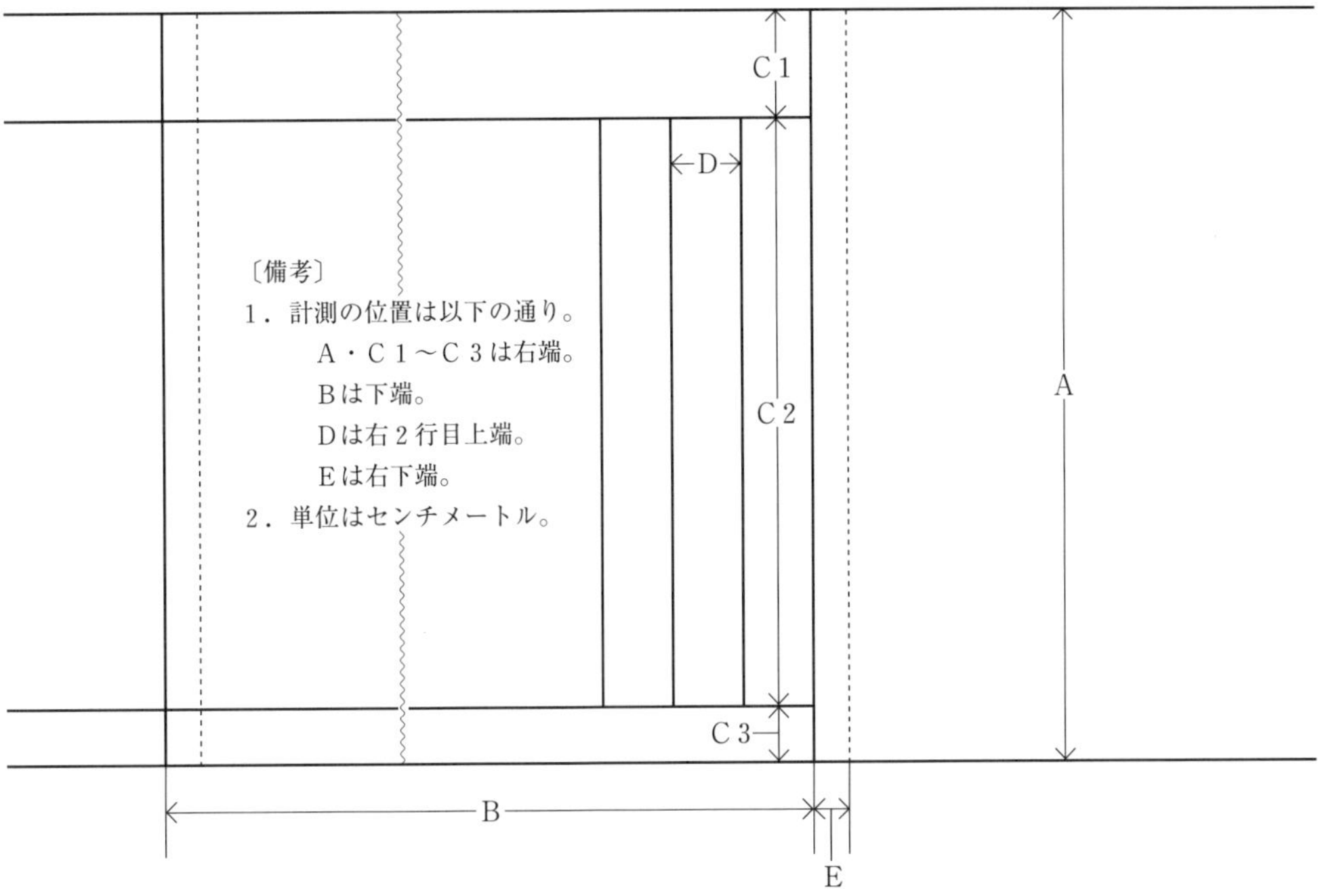
C 1
D
C 2
A
C 3
B
E
〔備考〕
1．計測の位置は以下の通り。
A・C 1～C 3は右端。
Bは下端。
Dは右2行目上端。
Eは右下端。
2．単位はセンチメートル。

巻25

紙　数	A	B	C 1	C 2	C 3	D	E	備　考
表　紙	27.6	25.7					0.5	
第1紙	27.5	43.7	2.4	23.8	1.3	2.2	0.4	
第2紙	27.7	46.2	2.4	24.0	1.3	2.1	0.3	
第3紙	27.5	46.3	2.4	23.9	1.2	2.1	0.2	
第4紙	27.7	46.1	2.5	24.0	1.2	2.1	0.3	
第5紙	27.7	46.2	2.4	24.0	1.3	2.1	0.3	
第6紙	27.6	46.1	2.4	24.0	1.2	2.1	0.3	
第7紙	27.6	46.2	2.4	23.9	1.3	2.1	0.3	
第8紙	27.7	46.3	2.3	24.0	1.4	2.1	0.3	
第9紙	27.6	46.4	2.3	24.0	1.3	2.1	0.3	
第10紙	27.7	46.3	2.4	24.1	1.2	2.1	0.3	
第11紙	27.7	46.3	2.3	24.1	1.3	2.1	0.3	
第12紙	27.7	46.2	2.3	24.2	1.2	2.1	0.3	
第13紙	27.6	46.2	2.3	24.1	1.2	2.1	0.3	
第14紙	27.6	46.5	2.4	24.0	1.2	2.1	0.3	
第15紙	27.7	46.5	2.4	24.1	1.2	2.1	0.3	

（巻25つづき）

紙　数	A	B	C 1	C 2	C 3	D	E	備　考
第16紙	27.7	46.6	2.4	24.1	1.2	2.1	0.3	
第17紙	27.7	46.5	2.4	24.1	1.2	2.1	0.4	
第18紙	27.7	46.6	2.3	24.1	1.3	2.1	0.3	
第19紙	27.7	46.5	2.4	24.0	1.3	2.1	0.3	
第20紙	27.7	46.3	2.3	24.1	1.3	2.1	0.3	
第21紙	27.7	46.5	2.4	24.0	1.3	2.1	0.3	
第22紙	27.7	46.4	2.4	24.0	1.3	2.1	0.3	
第23紙	27.7	46.5	2.4	24.0	1.3	2.1	0.3	
第24紙	27.7	46.5	2.4	24.1	1.2	2.1	0.3	
第25紙	27.6	6.4	2.5	24.0	1.1	2.1	0.3	
第26紙	27.6	42.3	2.3	24.1	1.2	2.2	0.2	
第27紙	27.7	46.5	2.3	24.1	1.3	2.1	0.2	
第28紙	27.7	46.6	2.3	24.2	1.2	2.1	0.3	
第29紙	27.7	46.6	2.4	24.2	1.1	2.1	0.3	
第30紙	27.7	46.4	2.4	24.1	1.2	2.1	0.3	
第31紙	27.7	46.6	2.3	24.1	1.3	2.1	0.3	
第32紙	27.7	46.5	2.4	24.1	1.2	2.1	0.3	
第33紙	27.7	46.6	2.4	24.0	1.3	2.2	0.3	
第34紙	27.7	46.5	2.5	24.0	1.2	2.1	0.3	
第35紙	27.7	46.5	2.4	24.1	1.2	2.1	0.3	
第36紙	27.7	46.3	2.5	24.0	1.2	2.1	0.3	
第37紙	27.7	46.5	2.5	24.1	1.1	2.1	0.3	
第38紙	27.7	23.2	2.5	24.1	1.1	2.1	0.3	
第39紙	27.7	27.6	2.5	24.1	1.1	2.1	0.3	
第40紙	27.7	46.4	2.5	24.1	1.1	2.1	0.3	
第41紙	27.7	46.3	2.4	24.1	1.2	2.1	0.3	
第42紙	27.7	46.4	2.4	24.2	1.1	2.1	0.3	
第43紙	27.7	46.2	2.5	24.1	1.1	2.0	0.3	
第44紙	27.7	46.4	2.5	24.1	1.1	2.0	0.3	
第45紙	27.7	46.5	2.5	24.1	1.1	2.1	0.3	
第46紙	27.7	46.4	2.5	24.1	1.1	2.1	0.4	
第47紙	27.7	46.5	2.5	24.1	1.1	2.1	0.3	
第48紙	27.7	33.7	2.4	24.2	1.1	2.1	0.3	
第49紙	27.7	46.1	2.4	24.1	1.2	2.1	0.3	
第50紙	27.8	46.1	2.5	24.0	1.3	2.1	0.3	紙質、他と異なる。
第51紙	27.7	46.6	2.5	24.1	1.1	2.1	0.2	
第52紙	27.7	46.5	2.5	24.1	1.1	2.1	0.3	
第53紙	27.7	46.5	2.5	24.1	1.1	2.1	0.3	
第54紙	27.7	46.5	2.5	24.0	1.2	2.1	0.3	
軸付紙	27.7	9.2					0.3	Bは軸際まで。
軸								杉材、朱漆塗。直径1.7

巻60

紙　数	A	B	C 1	C 2	C 3	D	E	備　考
表　紙	27.9	25.8					0.3	
第 1 紙	27.7	44.2	2.5	23.9	1.3	2.1	0.3	
第 2 紙	27.8	46.5	2.5	24.0	1.3	2.0	0.3	
第 3 紙	27.8	46.6	2.5	24.0	1.3	2.1	0.3	
第 4 紙	27.9	46.6	2.4	24.1	1.4	2.1	0.2	
第 5 紙	27.8	46.6	2.5	24.0	1.3	2.1	0.2	
第 6 紙	27.8	46.3	2.6	23.9	1.3	2.1	0.4	
第 7 紙	27.8	46.6	2.5	24.0	1.3	2.1	0.3	
第 8 紙	27.9	46.7	2.5	24.0	1.4	2.1	0.2	
第 9 紙	27.8	46.7	2.5	24.0	1.3	2.1	0.3	
第10紙	27.9	46.6	2.5	24.1	1.3	2.1	0.2	
第11紙	27.9	46.6	2.5	24.1	1.3	2.1	0.3	
第12紙	27.9	46.7	2.6	24.0	1.3	2.1	0.2	
第13紙	27.9	46.7	2.6	24.0	1.3	2.1	0.2	
第14紙	27.9	46.7	2.5	24.1	1.3	2.1	0.2	
第15紙	27.9	46.8	2.5	24.0	1.4	2.1	0.3	
第16紙	27.9	46.8	2.5	24.1	1.3	2.1	0.2	
第17紙	27.9	46.8	2.6	24.0	1.3	2.1	0.3	
第18紙	27.9	46.8	2.6	24.0	1.3	2.1	0.3	
第19紙	27.9	46.7	2.5	24.0	1.4	2.1	0.3	
第20紙	27.9	46.7	2.5	24.0	1.4	2.0	0.3	
第21紙	27.9	46.7	2.6	24.0	1.3	2.1	0.3	
第22紙	27.9	46.8	2.6	24.0	1.3	2.1	0.3	
第23紙	27.9	46.7	2.4	24.1	1.4	2.1	0.3	
第24紙	27.9	46.8	2.5	24.0	1.4	2.1	0.3	
第25紙	27.9	46.8	2.5	24.1	1.3	2.1	0.3	
第26紙	27.9	46.7	2.6	24.0	1.3	2.1	0.3	
第27紙	27.8	46.6	2.5	23.9	1.4	2.1	0.3	
第28紙	27.9	46.7	2.5	24.1	1.3	2.1	0.3	
第29紙	27.8	46.8	2.5	24.0	1.3	2.1	0.2	
第30紙	27.9	46.6	2.6	24.0	1.3	2.1	0.3	
第31紙	27.8	46.7	2.4	24.0	1.4	2.1	0.2	
第32紙	27.8	46.7	2.5	24.0	1.3	2.1	0.3	
第33紙	27.8	46.7	2.5	24.0	1.3	2.1	0.3	
第34紙	27.8	46.7	2.5	24.0	1.3	2.1	0.3	
第35紙	27.9	46.8	2.5	24.1	1.3	2.2	0.3	
第36紙	27.8	46.8	2.5	24.0	1.3	2.1	0.3	
第37紙	27.8	46.6	2.5	24.0	1.3	2.1	0.3	
第38紙	27.9	46.8	2.6	24.0	1.3	2.1	0.3	
第39紙	27.9	46.7	2.5	23.9	1.5	2.2	0.3	
第40紙	27.9	46.7	2.6	24.0	1.3	2.1	0.3	
第41紙	27.8	46.8	2.6	23.9	1.3	2.1	0.3	

（巻60つづき）

紙　数	A	B	C 1	C 2	C 3	D	E	備　考
第42紙	27.8	46.7	2.6	23.9	1.3	2.1	0.3	
第43紙	27.8	46.6	2.4	23.9	1.5	2.1	0.3	
第44紙	27.8	46.7	2.5	24.0	1.3	2.1	0.3	
第45紙	27.8	46.7	2.6	23.9	1.3	2.1	0.3	
第46紙	27.8	46.5	2.6	24.0	1.2	2.1	0.3	
第47紙	27.7	35.8	2.5	23.9	1.3	2.2	0.3	Bは軸際まで。
軸付紙								なし。
軸								杉材、朱漆塗。直径1.7

巻69

紙　数	A	B	C 1	C 2	C 3	D	E	備　考
表　紙	27.4	21.8					0.4	
遊　紙	27.4	23.2					0.4	
第1紙	27.4	46.7	1.9	24.6	0.9	2.5	0.3	
第2紙	27.4	46.8	2.0	24.6	0.8	2.4	0.3	
第3紙	27.4	46.6	1.9	24.6	0.9	2.5	0.3	
第4紙	27.4	46.5	1.9	24.6	0.9	2.7	0.3	
第5紙	27.4	46.3	1.8	24.6	1.0	2.6	0.3	
第6紙	27.4	44.3	2.1	24.6	0.7	2.6	0.2	
第7紙	27.4	46.5	2.2	24.5	0.7	2.6	0.3	
第8紙	27.4	46.6	2.0	24.6	0.8	2.6	0.3	
第9紙	27.4	41.6	1.9	24.7	0.8	2.6	0.3	
第10紙	27.4	46.6	1.9	24.7	0.8	2.7	0.3	
第11紙	27.4	46.4	1.9	24.5	1.0	2.5	0.3	
第12紙	27.4	46.6	2.1	24.6	0.7	2.6	0.3	
第13紙	27.4	46.4	1.9	24.7	0.8	2.5	0.3	
軸付紙	27.4	24.6					0.3	Bは軸際まで。
軸								杉材、朱漆塗。直径1.7

［注］

（1）和田英松『本朝書籍目録考証』（明治書院、一九三六年。初掲一九一五年）、太田晶二郎「『政事要略』補考」（『太田晶二郎著作集　第二冊』吉川弘文館、一九九三年。初掲一九六四年）、虎尾俊哉「政事要略について」（『古代典籍文書論考』吉川弘文館、一九八二年。初掲一九七一年）、木本好信「『政事要略』と惟宗允亮」（『政事要略総索引』国書刊行会、一九八二年）。以下、特に断らない限り、各氏の見解はこれらの論考による。

（2）和田英松は「世に伝はりしは、二十六巻のみ」とし、『国書総目録』でもこれを踏襲しているようであるが、正しくは二十五巻とすべきであろう。二十六巻とするのは、おそらく現在尊経閣文庫所蔵の巻六十九残簡（金沢文庫旧蔵本。首尾欠）の巻序がながらく不明であったため、これを巻序未詳の独立の一巻として数えていたことによると推定される。後述する前田綱紀の『桑華書志』「見聞書」（第七十四冊）には、綱紀が収集した巻六十九を含む二十五巻分のほかに「十三葉相州金沢本未詳幾巻」をあげており、これを巻六十九とは別に扱っている。このほかにも例えば宮内庁書陵部所蔵本（二十三冊、函号一七三―一四〇）の巻九十五下（最終冊）の末尾に加えられた「天明丙午之冬」すなわち天明六年（一七八六）の識語に「余捜扶累年、請借募致、僅得二十六巻」とある。この二十六巻の中には巻六十九とともに巻六十二が含まれている。ただしその表紙には、「二」を朱丸で抹消して「八歟」と朱書され、また小口書に「六十八」とあり、現在は巻六十八として扱われている。しかしその内容は金沢文庫本巻六十九に当たる写本である。この問題については押部佳周「政事要略の写本に関する基礎的考察」（『広島大学学校教育学部紀要』第二部第五号、一九八二年）を参照。

（3）このほかの古写本としては穂久邇文庫に室町時代末期の写本二十三巻が伝わるというが（『国書総目録』）、未見。

なお「改定史籍集覧」本の近藤圭造による跋文に、田中勘兵衛所蔵の勢田章甫本なる写本が存在しており、これはかつて桂宮の所蔵であったが、後に三条家の有に帰し、さらに勢田章甫、ついで田中勘兵衛が所蔵することになったといい、「字体紙質ともに甚古色なり奥書なし表包に三条文庫の印あり」と記されている。「甚古色」とあるのみで、書写時期については不明確であるが、古写本の可能性は否定できない。なお田中勘兵衛の蔵書の大半は現在、国立歴史民俗博物館に入っているが、これに該当する『政事要略』は現存しないようである。

（4）押部佳周「政事要略の写本に関する基礎的考察」（注（2））。

（5）吉岡眞之「尊経閣文庫所蔵『法曹類林』解説」（尊経閣善本影印集成35―2『法曹類林』八木書店、二〇〇五年）。

（6）和田英松『本朝書籍目録考証』（注（1））において考察が加えられている。

（7）注（2）参照。また押部佳周「政事要略の写本に関する基礎的考察」（注（2））参照。

（8）この付箋は宮内庁書陵部所蔵『政事要略』（函号一七二―八五、二十五冊）の巻六十九にあるものを指す。ただしこれが書記され貼付された時期は明らかではない。その文面は次の通りである。

「政事要略六十九

四丁表三行メ

専非法意　ノ下へ　二《六》十二　按六十九歟

○

禁止‥‥‥トツ、キ

同巻末ノ

不論官之大少須用ヨリ

六十九巻四丁表三行メ

然而‥‥‥トツ、クヘシカク改ムレハ

本文頭書共ニ連続シテ誤リナシ」

ここに「二《六》十二　按六十九歟」としているものが巻序未詳とされていた部分に当たる。

（9）この巻について「改定史籍集覧」本は、その鼇頭に「原本題六十二巻零本為別巻然而此巻中見有現六十九巻首所掲之累騎并乗主鞍馬等之文則称六十二巻者誤也今従佐藤氏之説訂之」と述べており、この「佐藤氏」が佐藤誠実である。また近藤圭造による同本の跋文には、対校本として用いた「佐藤誠実氏の校本」について「此の校本は氏か多年の間出典によりて誤脱錯簡を一々訂正せられたる善本なり」とし、「（集覧本の）傍注の出典及頭書記事の大部分は皆此書によりて出せり」と述べている。

尊経閣善本影印集成 36
政事要略

発行 平成十八年二月二十八日
定価 二七、三〇〇円
(本体二六、〇〇〇円+税五%)
編集 財団法人 前田育徳会尊経閣文庫
東京都目黒区駒場四―三―五五
発行所 株式会社 八木書店
代表 八木壮一
東京都千代田区神田小川町三―八
電話 〇三―三二九一―二九六一〔営業〕
二九六九〔編集〕
FAX 〇三―三二九一―二九六二
製版・印刷 天理時報社
用紙(特漉中性紙) 三菱製紙
製本 博勝堂

ISBN4-8406-2336-8 第五輯 第4回配本

Web http://www.books-yagi.co.jp/pub
E-mail pub@books-yagi.co.jp